U0062570

钱基博国学著作选粹

钱基博 著

经学通志

上海古籍出版社

图书在版编目(CIP)数据

经学通志 / 钱基博著. —上海:上海古籍出版社,
2024.5
(钱基博国学著作选粹)
ISBN 978-7-5732-1124-8

Ⅰ.①经… Ⅱ.①钱… Ⅲ.①经学－研究－中国
Ⅳ.①Z126

中国国家版本馆 CIP 数据核字(2024)第 076946 号

钱基博国学著作选粹

经学通志

钱基博 著

上海古籍出版社出版发行

(上海市闵行区号景路 159 弄 1－5 号 A 座 5F 邮政编码 201101)

(1) 网址: www.guji.com.cn
(2) E-mail: guji1@guji.com.cn
(3) 易文网网址: www.ewen.co

启东市人民印刷有限公司印刷

开本 890×1240 1/32 印张 5.375 插页 3 字数 140,000
2024 年 5 月第 1 版 2024 年 5 月第 1 次印刷
印数: 1－1,500
ISBN 978－7－5732－1124－8
B·1390 定价: 28.00 元
如有质量问题,请与承印公司联系

出 版 说 明

钱基博(1887—1957),字子泉,别号潜庐,江苏无锡人,著名学者、教育家。

钱氏出身书香门第,四岁起即读四书五经,十五岁时读《资治通鉴》《续通鉴》《读史方舆纪要》等书。少年时期所受的教育,决定了他一生的学术走向。钱氏在思想上基本上秉持了"中学为体,西学为用"这一根本理路,以中国传统的经史之学为自撰门径,同时亦以此为驾驭新知识、新学问的一种方法。

辛亥革命兴,钱氏曾在军政府中任职,但其一生的事业主要还是在于教育。钱氏十九岁时始任家庭教师,二十六岁任无锡第一小学教员,二十九岁任吴江丽则女子中学教员,此后更历任上海圣约翰大学国文教授、上海光华大学教授、国立浙江大学教授、湖南国立师范学院教授兼国文系主任等职,直至最后以华中师范学院教职工的身份去世。钱氏一生可说是与教育结下了不解之缘,这种教育者的身份,使得钱氏在秉持和改造传统学术理念的同时,又十分注意传统学问的传播和普及。从三十多岁时出版的《语体文范》到四十多岁时出版的《国学文选类纂》《老子道德经解题及其读法》等一系列著作,钱氏在学术上的所作所为均有推广和规范传统学问的意旨。在研究传统学问的同时,又力图使其成为普通知识人的日常所需,这构成了钱氏治学的另一特色,而这种特色又反过来使钱氏的著作成为普通读者迈进国学门槛的绝佳指引。

钱氏一生著述甚多,我社曾经推出《钱基博著作集》十二种,收录钱氏有代表性的单行著作为主,同时选收有学术意义的代表性论文,

1

精择底本,核校引文,简体横排,新式标点,以适应现代阅读习惯,受到读者欢迎。今复择其中有关国学研究之作,分合篇目,编为《钱基博国学著作选粹》,包括以下十种:

《韩愈志》

《经学通志》

《国学文选类纂》

《近百年湖南学风》

《古籍举要　版本通义》

《孙子章句训义(外一种)》

《文学通论(外一种)》

《国故概论》

《国学要籍解题及其读法》

《文心雕龙校读记　读庄子天下篇疏记》

另《克劳塞维兹兵法精义》(原名《德国兵家克劳山维兹兵法精义》)篇幅短小,今附于《孙子章句训义》后。《国学必读》原分上下册,今依原题析为《文学通论》(编选历代文论)、《国故概论》(编选经、小学、史、子相关论文)二种,读者可各取所需。《骈文通义》原与《近百年湖南学风》合为一书,今以类相从附于《文学通论》后。同时修改部分标点、排印错误,重新出版,以飨读者。

上海古籍出版社

二〇二四年三月

目　　录

自　　序[*]

　　余曩读唐陆元朗德明《经典释文》，叙经学源流，文少波澜，未足以发人意，又恨其记载疏舛，于魏、晋以下不详。后清儒江藩郑堂绍述其意，作《经师经义目录》，则又胶于门户，特以清儒承汉学，而摈唐、宋于不论不议，学术流变之迹，因以不明。爰辑旧闻，纂为是志。无锡钱基博。

总 志 第 一

　　《说文》：“经，织也。”《玉篇》：“经纬以成缯布①也。”借以为经纶天下之意。《易·屯卦》象曰：“雷震，《屯》。君子以经纶。”《周礼·天官·太宰》：“以经邦国。”注：“经，法也。王谓之礼经，常所秉以治天下也。邦国官府谓之礼法，常所守以②为法式也。常者，其上下通名。”《释名》：“经，径也。如径路无所不通，可常用也。”此经之义也。然古无经之名。伏羲、神农、黄帝之书，谓之《三坟》，言大道也。少暤、颛顼、高辛、唐、虞之书，谓之《五典》，言常道也。虞、夏、商、周，雅诰奥义，其归一揆。八卦之说，谓之《八索》，求其义也。九州之志，谓之《九丘》。丘，聚也，言九州所宜，土地所生，风气所宜，皆聚此书也。《周官·外史》“掌三皇五帝之书”，大都不离所谓坟典者近是。楚左史倚相能读《三坟》、《五典》、《八索》、《九丘》，学士大夫所诵习者此耳。时尚未有经名。《礼记·王制》“乐正崇四术，立四教，顺先王《诗》、《书》、《礼》、《乐》以造士”，亦不闻称《诗》、《书》、《礼》、《乐》曰四经也。经之名见于《国语》“挟经秉枹③”，而《孝经钩命决》引孔子曰：“吾志在《春秋》，行在《孝经》。”《庄子·天运篇》载孔子谓老聃曰：“吾治《诗》、《书》、《易》、《礼》、《乐》、《春秋》六经以为文。”六经之名始此。然此之所谓六经，即后世之九经。盖《礼经》统《三礼》，《春秋》统《三传》，而《乐经》亡佚也。此经称之见于传与纬书、子书之在西汉以前者也。自汉以后，儒者相传，俱言五经。而陈后主时，吴中陆元朗德

---

① 布，《玉篇》作“帛”。
② 守以，原作“以守”，误。据《周礼》注改。
③ 枹，原作“抱”，误。据《国语》改。

明撰《经典释文》，则于五经之外，增入《孝经》、《论语》、《老子》、《庄子》、《尔雅》五书。其系《孝经》、《论语》、《尔雅》于五经之后，或用《汉书·艺文志·六艺略》附《论语》、《孝经》、小学之例，而厕以《老》、《庄》者，盖《老》、《庄》自魏、晋以来为士大夫所推尚，德明生于陈季，犹沿六代之余波也。其书凡三十卷，于诸经皆摘字为音，惟《孝经》以童蒙始学，《老子》以众本多乖，各摘全句。所采汉、魏、六朝音切，凡二百三十余家，又兼载诸儒之训诂，证各本之异同。后儒得以考见古义，其有借于德明此书者非细也。惟德明系《孝经》、《论语》及《老》、《庄》、《尔雅》于五经之后，则增五经而十矣。唐时立之学官，则省德明之所增，而云九经者，《三礼》、《三传》，分而习之，故为九也。其刻石国子学，则所云九经，并《孝经》、《论语》、《尔雅》。至宋儒取《礼记》中之《大学》、《中庸》，及进《孟子》以配《论语》，谓之《四书》，而十三经之名始立。所谓十四经者，先时尝并《大戴记》于十三经末，称十四经也。其先儒释经之书，或曰传，或曰笺，或曰解，或曰学，今通谓之注。圣人著作曰经，贤者著述曰传，因记训曰诂，因章句曰注，见张华《博物志》。世所传者，《诗》则毛苌传，郑玄笺，《周礼》、《仪礼》、《礼记》则郑玄注，《公羊》则何休学①，《孟子》则赵歧注，皆汉人。《易》则王弼注，《系辞》韩康伯注，《书》则梅赜伪孔安国传，皆晋人。《论语》则何晏集解，魏人。《左氏》则杜预注，《尔雅》则郭璞注，《穀梁》则范宁集解，皆晋人。《孝经》则唐明皇御注。盖经之注，率成于唐以前，而唐以后诸儒辨释之书，则名曰正义，今通谓之疏。而创为正义者，盖自唐之孔颖达始。据《旧唐书·儒学传》："太宗以儒学多门，章句繁杂。诏国子祭酒孔颖达与诸儒撰定《五经义疏》，凡一百七十卷，名曰《五经正义》。"《高宗纪》"永徽四年三月壬子朔，颁孔颖达《五经正义》于天下"是也。然世儒或执此以《五经正义》为孔颖达作者则又非。《新唐书》

---

① 学，当作"注"。

颖达本传云："初,颖达与颜师古、司马才章、王恭、王琰①受诏撰《五经义训》百余篇,其中不能无谬冗。博士马嘉运驳正其失。诏更令裁定,未就。永徽二年,诏中书门下与国子三馆博士、弘文馆学士考正之,于是尚书左仆射于志宁、右仆射张行成、侍中高季辅就加增损,书始布下。"然则《五经正义》者,盖孔颖达与诸儒之所共撰,而非一人之书,彰彰明甚。而《高宗纪》大书特书曰"孔颖达《五经正义》"者,意者特以孔颖达为奉诏撰定《五经正义》之总纂官,而遂以尸其名邪?然孔颖达奉诏撰定《正义》者,但有《易》、《书》、《诗》、《礼记》、《春秋左氏传》五经。永徽中,贾公彦始撰《周礼》、《仪礼》义疏。《宋史·李至传》:"判国子监,上言:'五经书既已板行,惟二②《传》、二《礼》、《孝经》、《论语》、《尔雅》七经疏未修。望令直讲③崔颐正、孙奭、崔偓佺等重加雠校,以备刊刻。'"而《穀梁》用唐杨士勋疏,《公羊》用唐徐彦疏,《孝经》、《论语》、《尔雅》用宋邢昺疏,《孟子》用宋孙奭疏。此世所称《十三经注疏》也。然宋以前,疏本与注别行,而宋以后,疏遂与注合刊,说经者遂以《注疏》为不刊之典。至新喻刘敞原父撰《七经小传》三卷,始异《注疏》之说。七经者,《尚书》、《毛诗》、《周礼》、《仪礼》、《礼记》、《公羊传》、《论语》也。宋人说经毅然自异于先儒,实自敞始。然敞学有根柢,故能自为一家之言。后来不能学其深究古义而学其排击古义,则甚矣其偾也。独临邛魏了翁鹤山以说经者但知诵习成言,不能求之详博,因取诸经注疏之文,据事别类而录之,谓之《九经要义》,凡二百六十三卷,残存《周易要义》十卷、《尚书要义》十七卷、《仪礼要义》五十卷、《春秋左传要义》三十一卷,虽主于采掇《注疏》,然别裁精审,汰其冗文,既使后人不病于芜杂,而分胪纲目,咸有条贯,可谓剪除枝蔓,独撷英华,是亦读《注疏》者之津梁矣。至清儒华亭吴浩养斋取诸经笺注,标其疑义,撰《十三经义疑》十二卷,虽于

---

① 琰,原作"剡",据《新唐书·孔颖达传》改。
② 二,原作"三",据《宋史·李至传》改。
③ 讲,原作"阁",据《宋史》改。

注疏之学,未能贯通融会,而研究考证,具有根柢,亦注疏家之诤臣也。元和惠栋定宇乃究探诸经古义于《注疏》未出之前,撰成《周易》、《尚书》、《毛诗》、《周礼》、《仪礼》、《礼记》、《左传》、《公羊》、《穀梁》、《论语》十经《古义》二十二卷。其《左传》六卷后更名曰《补注》,刊板别行。搜采旧文,互相参证。曰"古义"者,盖汉儒专门训诂之学,得以考见于今者也。古者漆书竹简,传写为艰,师弟相传,多由口授,往往同音异字,辗转多歧。又六体孳生,形声渐备,毫厘辨别,后世乃详。古人字数无多,多相假借,沿流承袭,遂开通假一门。谈经者不考其源,每以近代之形声,究古书之义旨,穿凿附会,纠结不通。故读古人之书,则当先通古人之字,庶明其文句,而义理可以渐求。栋作是书,证佐分明,斯称精核。庶几哉,可谓抗心希古,直抉经奥者。若乃勘文字之异同,校刻本之是非,则有仪征阮元芸台之撰《十三经注疏校勘记》二百四十三卷焉。虽然,六艺经传以千万数,要其归,则不外五帝之道、六艺之教。《礼记·经解》:"孔子曰:'温柔敦厚,《诗》教也。疏通知远,《书》教也。广博易良,《乐》教也。洁净精微,《易》教也。恭俭庄敬,《礼》教也。属辞比事,《春秋》教也。'"《史记·自序》曰:"《易》著天地阴阳四时五行,故长于变。《礼》经纪人伦,故长于行。《书》记先王之事,故长于政。《诗》纪山川溪谷禽兽草木牝牡雌雄,故长于风。《乐》乐所以生,故长于和。《春秋》辨是非,故长于治人。是故《礼》以节人,《乐》以发和,《书》以道事,《诗》以达意,《易》以道化,《春秋》以道义。"《汉书·艺文志》曰:"六艺之文,《乐》以和神,仁之表也。《诗》以正言,义之用也。《礼》以明体,明者著见,故无训也。《书》以广听,知之术也。《春秋》以断事,信之符也。五者盖五常之道,相须而备。而《易》为之原。"《白虎通·五经》论曰:"经所以有五何?经,常也。有五常之道,故曰五经。《乐》仁,《书》义,《礼》礼,《易》智,《诗》信也。"然则经虽有九经、十三经、十四经之名,而究其要归,不外五常之道、六艺之教而已,则亦何居乎后世九经、十三经、十四经之喋喋也?不知六经、六艺之名,由来久远,不可以臆增益。善夫,刘向之为《七略》也，班固仍之，造《艺文志》，序六艺为九种，有经，有传，有记，有群书。传则附于经，记则附于经，群书颇关经，则附于经。何谓传？《书》之有大小夏侯、欧阳，传也。《诗》之有齐、鲁、韩、毛，传也。《春秋》之有公羊、穀梁、左氏、邹、夹氏，亦传也。何谓记？大小戴氏所记凡百三十有一篇是也。何谓群书？《易》之有《淮南道训》、《古五子》十八篇，群书之关《易》者也。《书》之有《周书》七十一篇，群书之关《书》者也。《春秋》之有《楚汉春秋》、《太史公书》，群书之关《春秋》者也。然则《礼》之有《周官》、《司马法》，群书之颇关《礼》者也。皆以附于所传、所记或所关之经，而不别著焉，何居乎后世九经、十三经、十四经之喋喋也？或以传为经，《公羊》为一经，《穀梁》为一经，《左氏》为一经。审如是，则韩亦一经，齐亦一经，鲁亦一经，毛亦一经，可乎？欧阳一经，两夏侯各一经，可乎？《易》有三家，《礼》分庆、戴，《春秋》之有邹、夹，汉世总古今文，为经当十有八，何止十有三？如其可也，则后世名一家说经之言甚众，经当以百数。或以记为经，大、小戴二《记》毕称经。夫大、小戴二《记》，古时篇篇单行，然则《礼经》外当有百三十一经。或以群书为经。《周官》晚出，刘歆始立。刘向、班固灼知其出于晚周、先秦之士之掇拾旧章所为，附之于《礼》，等之于《明堂阴阳》而已。后世称为经，是为述刘歆，非为述孔氏。善夫，刘氏之序六艺为九种也，有苦心焉，斟酌尽善焉。序六艺矣，七十子以来，尊《论语》而谭《孝经》、小学者，盖六经之户枢也。小学者，所以明六经之训诂，而《论语》述夫子之言行，《孝经》则再传门人之所述。然夫子曰"吾行在《孝经》"，故不敢以夷于记，夷于群书也。然又非传。于是以三种为经之贰，而厕诸六艺之后。然序类有九而称艺为六，虽为经之贰，而仍抑之不与经齐。顾后世又以《论语》、《孝经》为经。假使《论语》、《孝经》可名经，则向早名之，且曰"序八经"，不曰"序六艺"矣。於戏，仲尼好古，述而不作，曷尝奂然大号，使弟子笔其言以自制一经哉？经之为言常也。古之所谓经，乃三代盛时典章法度常所秉守，见于政教行事之实，而非圣人有意作为文字以传后世也。后世以传为经,以记为经,以群书为经,以经之贰为经,犹以为未快意,或以诸子为经,《孟子》是也;或以经解为经,《尔雅》是也。盖经之书弥多而经之旨弥荒。《春秋》三家之传,《周官》、二戴之《记》,后之读者,尚借以窥见三代政教行事得失之迹,而无大悖于经纶天下之意,厕之于经,犹可言也。至《孟子》为儒家之著述,《尔雅》则经传之释词,倘以此为六经之羽翼则可,而径厕于六经则荒矣。谨撰次众说,条其原委,而折衷以刘子政氏"序六艺"之义,纂《总志》第一。

周易志第二

宓戏氏仰观象于天，俯观法于地，观鸟兽之文，与地之宜，近取诸身，远取诸物，于是始作八卦，以通神明之德，以类万物之情。至于殷周之际，纣在上位，逆天暴物，文王以诸侯顺命而行道，天人之占，可得而效，于是重《易》六爻，作上下篇。孔子为之《彖》、《象》、《系辞》、《文言》、《序卦》之属十篇。故曰："《易》道深矣。人更三圣，世历三古。"所谓《易》者何也？曰：《易》之为言变也。易穷则变，变则通，通则久。是以自天祐之，吉无不利。谓之《易》者，所以明世道穷变通久之必然；而系以周者，所以明世变剥复循环之有常。周之为言周也，周而复始也。孔子系《泰》之九三曰"无平不陂，无往不复"，象《复》"见天地之心"，而作《序卦》，以序六十四卦相次之义，《泰》之受以《否》也，《剥》之穷以《复》也，《损》而不已必《益》，《升》而不已必《困》。如此之类，原始要终，罔不根极于《复》，所以深明《易》道之周也。周有原始反终之义，而《周易》以纯《乾》为首。乾，健也，为天，天行不息，周天三百六十五度四分度之一，一日一夜，行一周，复其故虚，日东行一度。乾道之变，天行之复也。孔子以《诗》、《书》、《礼》、《乐》教弟子，盖三千焉。而受《易》者独称商瞿。商瞿，鲁人，字子木，少孔子二十九岁。孔子传《易》于瞿，瞿传鲁人桥庇子庸，子庸传江东馯臂子弓，子弓传燕周丑子家，子家传东武孙虞子乘，子乘传齐田何子装。《史记·仲尼弟子列传》曰："瞿传楚人馯臂子弘，弘传江东人①矫子庸疵，疵传燕人周子家竖，竖传淳于人光子乘羽，羽传齐人田子庄。"及秦禁学，《易》为筮

---

① 下重"人"字，据《史记》删。

卜之书，独不禁，传受者不绝也。汉兴，田何以齐田徙杜陵，号杜田生，传东武王同子中、洛阳周王孙、丁宽、齐服生，皆著《易传》，而王氏、周氏、服氏各二篇，独丁氏八篇，见《汉书·艺文志》。要言《易》者本之丁宽。宽，字子襄，梁人也。初，梁项生从田何受《易》，时宽为项生从者，读《易》精敏，材①过项生，遂事何。学成，何谢宽。宽东归，何谓门人曰："《易》已东矣。"宽至洛阳，复从周王孙受古义，号《周氏传》。景帝时，为梁孝王将军，距吴楚，号丁将军，作《易说》三万言，训故举大义而已，不言阴阳灾变也。宽传同郡砀田王孙。王孙传施雠、孟喜、梁丘贺。由是《易》有施、孟、梁丘之学焉。施雠，字长卿，沛人也。与孟喜、梁丘贺从田王孙受《易》。谦让，常称学废，不教授。及梁丘贺贵仕，事多，乃遣子临分将门人河内张禹子文等从雠问。雠自匿不肯见，贺固请，不得已，乃授临等。于是贺荐雠结发事师数十年，贺不能及。诏拜博士，与五经诸儒杂论同异于石渠阁。雠传张禹及琅玡鲁伯。禹传淮阳彭宣子佩、沛戴崇子平。鲁伯传太山毛莫如少路、琅玡邴丹曼容，而禹官丞相，宣官大司空，皆至大官，其知名者也。由是施家有张、彭之学。梁丘贺，字长翁，琅玡诸人也。从大中大夫京房受《易》。房者，淄川杨何叔元弟子也。何者，尝受《易》东武王同子中，有《易传》二篇，见《汉书·艺文志》，盖《易》家之初立博士者，太史公司马谈及京房咸从受《易》焉。房出为齐郡太守，贺更事田王孙。宣帝时，闻京房为《易》明，求其门人，得贺，以为郎。以筮有应，近幸，累官少府。传子临。临又学于施雠，而专行京房法，以郎奉使，问诸儒于石渠。琅玡王吉通五经，闻临说，善之，乃使其子郎中骏上疏从临受《易》。临传五鹿充宗君孟。充宗官少府，贵幸，为梁丘《易》。自宣帝时，善梁丘贺说，元帝好之，欲考其异同，令充宗与诸《易》家论。充宗乘贵辨口，诸儒莫能与抗，皆称疾不敢。独鲁朱云游从博士白子友受《易》，摄齐登堂，抗首而请，音动左右。既论难，连拄五鹿君，故

---

① 材，原作"财"，据《汉书·儒林传》改。

诸儒为之语曰："五鹿岳岳，朱云折其角。"然不详谁家。而五鹿充宗《略说》三篇，见《汉书·艺文志》。充宗传光禄大夫平陵士孙张仲方、真定太守沛邓彭祖子夏、王莽讲学大夫齐衡咸张宾。由是梁丘有士孙、邓、衡之学。孟喜，字长卿，东海兰陵人也。从田王孙受《易》，传《易》家候阴阳灾变书，言"师田生且死时，枕喜膝，独传喜"，盖十二月卦之学所自出焉。诸儒以此耀之。同门梁丘贺疏通证明之曰："田生绝于施雠手中，时喜归东海，安得此事？"于是传者以为喜诞诈也。又蜀人赵宾好小数书，后为《易》，饰《易》文，以为："箕子明夷，阴阳气亡箕子。箕子者，万物方荄兹也。"宾持论巧慧，《易》家不能难，皆曰"非古法也"。云受孟喜，喜为名之。后宾死，莫能持其说。喜因不肯仞，以此不见信。博士缺，众人荐喜。上闻喜改师法，遂不用喜。喜传同郡白光少子、沛翟牧子兄，皆为博士。由是孟喜有翟、白之学。孟喜之学，虽与施雠不同，然要为田王孙之所自出，独京房之《易》为别出。京房，字君明，东郡顿丘人也，累官魏郡太守，盖匪传梁丘贺《易》之齐郡太守京房。治《易》，事梁人焦延寿赣。延寿云尝从孟喜问《易》，会喜死，房以为延寿《易》即孟氏学，翟牧、白光不肯，皆曰非也。至成帝时，光禄大夫刘向校经传诸子，考《易》说，以为诸家《易》说皆祖田何、杨叔、丁将军，大谊略同，惟京氏为异，倘焦延寿独得隐士之说，托之孟氏，故不与相同。然考孟喜学田王孙，言师田生且死，传喜之《易》家候阴阳灾变书，或者即延寿之所本也。延寿著《易林》十六卷，大抵即《易》家候阴阳灾变之书，以一卦演六十四卦，总四千九十六卦，各系以繇词，文句古奥，与《左氏传》载"凤皇于飞，和鸣锵锵"，《汉书》载"大横庚庚，予为天王"之语绝相类。惟延寿生当昭、宣之世，其时《左氏》未立学官，今《易林》引《左氏》语甚多，又往往用《汉书》中事，至云"刘季发怒，命灭子婴"，又曰"大蛇当路，使季畏惧"，宁汉人所宜言者耶？疑是东汉以后人撰，而托之延寿者。然汉《易》之流为术数，自延寿始也。顾延寿常曰："得我道以亡身者，京生也。"其说长于灾变，分六十四卦，更直日用事，以风雨寒温为候，各有占验。房传延寿之学，故言术数者称焦、京。而房之推衍灾祥，更精于延寿，卒以诛死。其著书见于《汉书·艺文志》、《隋书·经籍志》者，有《孟氏京房》十一篇、《灾异孟氏京房》六十六篇、《京氏段嘉》十二篇、《章句》十卷、《占候十种》七十三卷，唐以后多佚不传，今传者曰《京氏积算易传》三卷。其书兆《乾》《坤》之二象以①成八卦，卦凡八变六十有四。于其往来升降之际，以消息盈虚于天地之元，而酬酢乎万物之表，炳然在目也。大抵辨三《易》，运五行，正四时，谨二十四气，悉七十二候，而位五星，降二十八宿。其进退以几而为一卦之主者，谓之世；奇耦相与，据一以超二，而为主之相者，谓之应；世之所②位，而阴阳之肆者，谓之飞；阴阳肇乎所配，《乾》与《坤》，《震》与《巽》，《坎》与《离》，《艮》与《兑》。而终不脱乎本，以飞某卦之位，乃伏某宫之位。以隐赜佐神明者，谓之伏；起乎世而周乎内外，参乎本数以纪月者，谓之建；终终始始，极乎数而不可穷以纪日者，谓之积；含于中而以四为用，一卦备四卦者，谓之互。《乾》建甲子于初，《坤》建甲午于上，八卦之上，乃生一世之初。③ 初一世之五位，乃分而为五世之位；其五世之上，乃为游魂之世；五世之初，乃为归魂之世；而归魂之初，乃生后卦之初。其建刚日则节气，柔日则中气。其数，虚则二十有八，盈则三十有六。盖后世术士所用世、应、飞、伏、游魂、归魂、纳甲之说，皆出京房。房传东海殷嘉、河东姚平、河南乘弘，皆为郎、博士。由是《易》有京氏之学。京氏《易》于元帝之世，与施、孟、梁丘氏并列学官，而民间有费、高二家之说。费、高者，费直、高相也。费直，字长翁，东莱人，治《易》，长于卦筮，亡章句，徒以《彖》、《象》、《系辞》十篇文言④解说《上下经》。然刘向以中古文《易经》校施、孟、梁丘《易》，或脱去"无咎"、"悔亡"，唯费直《易》与古

---

① 象以，原作"观象"，据《郡斋读书志》"京房易传"条改。
② 所下原有"谓"字，误，删。
③ "于中……之初"，原排为小字夹注，兹改正。
④ 《汉书》等皆如此著。"文"或为"之"字之误。杨树达：许桂林《易确》云：文言"文"字为"之"字传写之误。按许说是。《文言》惟乾坤二卦有之，不得言以《文言》解说上下经也。

文同。自是费直《易》号古文之学，与施、孟、梁丘之称今文者不同。高相，沛人也，治《易》与费直同时，专说阴阳灾异，自言出于丁将军，其学亦无章句。而施、孟、梁丘氏各有《章句》二篇，见《汉书·艺文志》。既炎汉祚绝，世祖重光，好爱经术，儒彦云从。于是立五经博士，《易》有施、孟、梁丘、京氏，各以家法教授，而京氏之《易》极盛焉。盖东汉之世，治施氏《易》有闻者，仅陈留刘昆父子而已。昆，字桓公，平帝时受施氏《易》于沛人戴宾能①。王莽世，教授弟子恒五百余人。世祖兴，累官光禄勋，授皇太子及诸王小侯五十余人。传子轶，字君文，能世其学，门徒亦盛，然知名之士无闻焉。此治施氏《易》者也。治梁丘《易》者，曰代郡范升辨②卿，与博士梁恭、山阳太守吕羌俱修梁丘《易》。世祖征拜议郎，迁博士。自以学不如梁恭、吕羌，愿推博士，以避二人。世祖不许，然由是重之。尚书令韩歆疏请为费氏《易》、左氏《春秋》立博士，诏范博士可前平说，遂与歆等驳难，日中乃罢。升退而奏曰："近有司请置京氏《易》博士，群下执事莫能据正。京氏既立，费氏怨望。京、费已行，次复高氏。并复求立，各有所执。今费氏学，无有本师，而多反异。先帝前世，有疑于此，故京氏虽立，辄复见废。疑道不可由，疑事不可行。"费氏《易》以此不得立博士。而升弟子知名者，曰京兆杨政子行，少从升受梁丘《易》，善说经书，京师为之语曰："说经铿铿杨子行。"教授数百人，累官左中郎将。又有颍川张兴君上者，习梁丘《易》以教授，世祖兴，举孝廉，为郎，累拜太子少傅。显宗数访问经术。既而声称著闻，弟子自远至者，著录且万人，为梁丘家宗。时则中兴之初，而三君之外，终东汉，治梁丘《易》者无闻。治孟氏《易》者，曰南阳洼丹子玉，世传孟氏《易》。王莽时，常避世教授，专志不仕，徒众数百人。世祖兴，为博士，稍迁为大鸿胪。作《易通论》七篇，世号《洼君通》。安定梁竦叔敬，中山觟阳鸿孟孙，

---

① 戴宾能，当作"戴宾"。《后汉书·儒林传》："（刘昆）受施氏《易》于沛人戴宾，能弹雅琴，知清角之操。"

② 辨，或作"辩"。

亦以孟氏《易》教授，有名称。汝南袁安邵公者，祖父良，习孟氏《易》，安传其学。肃宗之世，累拜司徒，以直节著闻于朝。子京，字仲誉。敬，字叔平。传习父业。而京作《难记》三十万言，其尤知名者也。东汉之末，有广汉任安定祖者，少游太学，受孟氏《易》，兼通数经，又从同郡杨厚学图谶，究极其术。时人称曰："居今行古任定祖。"初仕州郡，后大尉再辟，除博士，公车征，皆不就。益州牧刘焉表荐之，然王途阻塞，诏命竟不至焉。治京氏《易》者最多，大抵世祖之世，曰汝南戴凭次仲、沛献王辅；显宗之世，曰南阳魏满叔牙；恭宗之世，曰琢郡崔瑗子玉，广汉折像伯式，北海郎宗仲绥，南阳樊英季齐、李昌子然，豫章唐檀子产；顺帝之世，曰北海郎颙雅光，汝南许峻季山；桓帝之世，曰弘农刘宽文饶、济阴孙期仲彧，皆有名。而樊英著《易章句》，世称樊氏学。唐檀著书二十八篇，名为《唐子》。许峻卜占，多有显验，时人方之前世京房，所著《易林》行于世，或者即《焦氏易林》之所讹也。世之言占候者，率治京氏焉。夷考光武之世，刘昆之传施氏，范升之明梁丘，洼丹之通孟氏，戴凭之说京氏，皆谭《易》之宗，时主所重。独苍梧陈元长孙、海南郑众仲师，皆传费氏《易》。其后扶风马融季长，亦为其传，融授北海郑玄康成。玄初从第①五元先受京氏《易》，又从融受费氏《易》，故其学出入于两家，然要其大旨，费义居多，而谓"《乾》《坤》六爻，上系二十八宿，依气而应，谓之爻辰"，则费氏《易》之所无也。然玄又喜言十二消息卦，则其说出于孔门。《系辞传》云"往者屈，来者信"，"原始反终"，"通乎昼夜之道"，盖言消息者之所本也。同时颍川荀爽慈明以硕儒作《易传》，据爻象承应阴阳变化之义，以十篇之文，解说经意，亦宗费氏而言消息。自是费氏兴而京氏遂衰。马融有《周易注》一卷，郑玄有《周易注》九卷，荀爽有《周易注》十一卷，见《隋书·经籍志》。盖汉之言《易》学者，杨何最先立博士，然最早衰。至东汉之兴，京氏《易》后来居上，而施、孟、梁丘三

---

① 第，原作"弟"，据《后汉书·郑玄传》改。

家先后衰，费氏兴而京氏亦衰，其大较然也。东汉之末，荆州牧山阳刘表景升亦有《周易章句》五卷，见《隋书·经籍志》。而表之学，实受于同郡王畅叔茂。畅之孙曰粲者，遭汉乱，与族兄凯俱避地荆州。刘表欲以女妻粲，而嫌其形陋用率，以凯有风貌，乃以妻凯。凯生业，即刘表外孙也。有子曰弼，字辅嗣，幼而察惠，盖以注《易》著闻魏朝，凡《易注》六卷，《易略例》一卷。自郑玄传费直之学，始析《易传》以附经，至弼又更定之。玄本大约如今之《乾卦》，其《坤卦》以下又弼所割裂。然郑玄《易注》，至北宋尚存一卷，《崇文总目》称存者为《文言》、《说卦》、《序卦》、《杂卦》四篇，则玄本尚以《文言》自为一传，所割以附经者，不过《彖传》、《象传》，今本《乾》、《坤》二卦各附《文言》，知全经皆弼所更定，非郑玄之旧也。弼之说《易》，称出费直。直《易》今不可见，然荀爽《易》即费氏学，唐李鼎祚《周易集解》尚颇载其遗说，大抵究爻位之上下，辨卦德之刚柔，已与弼注略近。但弼全废象数，又变本加厉。平心而论，《易》本卜筮之书，故末派寝流于谶纬，王弼乘其极敝而攻之，遂能排击汉儒，自标新学。然阐明义理，使《易》不杂于术数者，弼实不为无功；而祖尚虚无，使《易》竟入于老、庄者，弼亦不能无过。瑕瑜不掩，斯为定评。魏朝之明《易》者，王弼而外，司徒东海王朗景兴，尝著《易传》。子肃子雍，因撰定成《周易注》十卷，《隋书·经籍志》所著录是也。然肃善马融之学，而不好郑玄。时乐安孙炎叔然，则受学郑玄之门人，称东州大儒，作《周易例》。肃作《圣证论》以讥短玄，炎驳而释焉。然马、郑不同，要其言《易》本之费氏。独平原管辂公明，善筮卦风角之占，或者本之京氏。据管辰叙[1]称："每观辂书传，惟有《易林》、《风角》。昔京房虽善卜及风律之占，世人多以辂畴之京房。"见裴松之《三国志》本传注引《辂别传》。南阳何晏平叔请共论《易》，曰："君论阴阳，此世无双。"时邓飏玄茂在晏许，言："君见谓善《易》，而语不及《易》，何也？"辂寻声答曰："善《易》者不论《易》也。"魏之

《易》博士曰淳于俊,魏帝高贵乡公常①就问《易》曰:"孔子作《彖》、《象》,郑玄作注,圣贤不同,释经一也。今《彖》、《象》不与经文连,而注连之,何也?"俊对曰:"郑玄合《彖》、《象》于经,欲学者寻省易了也。"帝曰:"若郑玄合之,于义诚便,则孔子曷为不合以了学者乎?"俊对曰:"孔子恐与文王相乱,此圣人以不合为谦。"帝曰:"郑玄何独不谦耶?"俊不对。盖魏博士之治《易》,善郑氏学者也。蜀博士之治《易》,善郑氏学者,曰南阳许慈仁笃,子勋传其业,然侨士也。蜀士之《易》学,盖始于广汉任安之习孟氏,弟子知名者,曰梓潼杜微国辅,曰蜀郡杜琼伯瑜。然琼好图谶,而不言《易》,巴西谯周允南传其学焉。吴士之善《易》者,曰会稽虞翻仲翔,曰吴郡陆绩公纪。翻有《周易注》九卷,绩有《周易注》十五卷,具见《隋书·经籍志》。然翻之先世,本治孟氏《易》,而绩之注则采诸京氏《易传》者为多。绩年辈差晚,而翻旧齿名盛,说《易》专取旁通与之卦。旁通者,《乾》与《坤》,《坎》与《离》,《艮》与《兑》,《震》与《巽》交相变也。之卦,则以两爻交易而得一卦,消息六爻,发挥旁通。与鲁国孔融文举书,示以所著《易注》。融答书曰:"自商瞿以来,舛错多矣。去圣弥远,众说骋辞。曩闻延陵之理乐,今睹吾子之治《易》。乃知东南之美者,非徒会稽之竹箭。"然翻自称传孟氏《易》,而说"七日来复",不言六日七分,则亦不尽用孟氏《易》也。广陵张纮子纲,名辈不后虞翻,而治京氏《易》,则同陆绩。又汝南程秉德枢者,逮事郑玄,吴大帝闻其名儒,征拜太子太傅。著《周易摘商》,盖费氏之支流余裔矣。大抵三国之世,北士传马、郑而习费《易》,而吴、蜀则守孟、京而薄马、郑。虞翻初立《易注》,奏称:"颍川荀谞,号为知《易》。臣得其注,颠倒反逆,有可怪笑。马融所解,复不及谞。若乃郑玄,虽各立注,未得其门。"荀谞,荀爽之别名也。此可以觇三国南北学之殊风焉。然南北学亦何常之有!费《易》大兴,而孟、京不能不废。梁丘、施氏亡于西晋。孟氏、京氏虽有其

---

① 常,按文意当作"尝"。

书，而明京氏《易》者，西晋惟弘农董景道文博，东晋惟新蔡干宝令升而已。宝有《周易注》十卷，见《隋书·经籍志》。孟氏之《易》无闻，而费氏之学又分郑玄、王弼两家。元帝中兴，江左议为王弼《易》置博士，独太常颍川荀崧景猷以为不可，请为郑玄《易》置博士。自是《易》有郑玄、王弼二博士。然有晋始自中朝，迄于江左，莫不崇饰老、庄，祖述虚玄，摈阙里之经典，习正始之余论。王弼生当正始，辞才逸辩，《老》学实为宗师，而明《易》，亦造玄论，风流所仰，学者宗焉。惟弼注者仅《上下经》，而补《系辞》《说卦》《杂卦》《序卦》注者，其门人韩康伯也。自是王注行而郑学亦衰。河南及青齐之间，儒生多讲王注，师训盖寡，奚论江左。自拓拔魏之末，大儒华阴徐遵明子判门下，讲郑玄所注《周易》。遵明以传范阳卢景裕仲孺，景裕传权会、郭茂。权会早入邺都，郭茂恒在门下教授。其后河朔言《易》者，多出郭茂之门。大抵南北所为章句，河洛《周易》则郑玄，江左则王弼，好尚互有不同，独晋扬州刺史晋陵顾悦之君叔有《周易难王辅嗣义》一卷四十余条。齐国子博士吴郡陆澄彦深与尚书令琅邪王俭仲宝书，陈："王弼注《易》，玄学所宗。今若弘儒，郑不可废。"俭答："《易》体微远，实贯群籍，岂据小王，便为该备？依旧存郑，高闻来说。"可谓矫矫南士之不群者也。然梁、陈之世，郑玄仍得与王弼注并列学官。南齐惟传郑义。至隋平江南，王注乃盛河朔，然郑义不废。既隋氏道消，唐代应运，诏孔颖达等撰定《周易正义》，然后专崇王注，而众说皆废。序称："汉儒传《易》者，西都则有丁、孟、京、田，东都则有荀、刘、马、郑，大体更相祖述，非有绝伦。惟魏世王辅嗣注，独冠古今。所以江左诸儒，并传其学，河北学者，罕能及之。其江南义疏，十有余家，皆辞尚虚玄，义多浮诞。原夫《易》理难穷，虽复玄之又玄，至于垂范作则，便是有而教有。若论住内住外之空、就能就所之说，斯乃义涉于释氏，非为教于孔门也。"所以抨江南诸家者，斯亦允矣。虽然，吾观孔颖达者，徒知释氏之义不涉《易》，而不知王注之辞亦尚玄；徒知江南义疏诸家之辞尚虚玄，义多浮诞，而不知王注为玄学之宗，江南诸家之所自出也。顾谓"义理可诠，先以辅嗣为本"，宁必为达识乎？虽然，唐之《易》家，有期诠义理而用王弼者，孔颖达之《周易正义》是也；有旁通象数而采虞翻者，李鼎祚之《周易集解》是也。一为三国之魏学，一为三国之吴学。一开宋儒胡、程之先，一植清学惠、张之基。盖李鼎祚《周易集解》凡十七卷，仍用王弼本，惟以《序卦传》散缀六十四卦之首，盖用《毛诗》分冠小序之例。所采凡子夏、孟喜、焦赣[1]、京房、马融、荀爽、郑玄、刘表、何晏、宋衷、虞翻、陆绩、干宝、王肃、王弼、姚信、王廙[2]、张璠、向秀[3]、王凯冲、侯果、蜀才、翟玄、韩康伯、刘巘[4]、何妥、崔憬[5]、沈骥士、卢氏、崔觐、伏曼容、孔颖达、姚规、朱仰之、蔡景君等三十五家之说，而采虞翻尤多。其所自为说，则纯似翻，将欲以刊辅嗣之野文，补康成之逸象，而不采玄爻辰之说，自序谓："王、郑相沿，颇行于代，郑则多参天象，王乃全释人事。且《易》之为道，岂偏于天人哉？"则是于郑、王皆有不足，而博采诸家以为折衷也。其有拾遗补阙，而搜孔、李所未采者，则有史征之《周易口诀义》，凡七卷，自序云："但举宏机，纂其枢要。先以王注为宗，后约孔《疏》为理。"然中如《乾》象引周氏说，《乾》大象、《革》彖引宋衷说，《屯》象引李氏说，《师》象、《渐》九五引陆绩说，《师》六五、《坎》大象引庄氏说，《谦》六五引张氏说，《贲》大象引王廙说，《颐》大象引荀爽说，《坎》上六引虞氏说，《咸》大象、《井》大象、《鼎》彖引何妥说，《萃》彖、《困》大象引周弘正说，《升》彖、《渐》彖引褚氏说，《震》九四、《兑》大象引郑众说，《渐》大象引侯果说，多出孔颖达《疏》及李鼎祚《集解》之外，盖唐去六朝未远，《隋书·经籍志》所载诸家之书，犹有存者，故征得以旁搜博引。虽有文义间涉拙滞，而唐以前解《易》之书，《子夏传》既多属伪撰，郑

---

① 赣，原作"戆"，据《周易集解》改。
② 廙，原作"庵"，误。
③ 张璠、向秀，原脱"璠"与"向"字。
④ 原脱刘巘。巘，或作"瓛"。
⑤ 憬，原作"燝"。

玄、陆绩注为后儒辑佚,亦非完书,其实存于今者,京房、王弼、孔颖达、李鼎祚四家及史氏此书而五耳,固稽古者所宜珍也。惜李、史二氏,新、旧《唐书》并无传,其人本末不详耳。此唐代《易》学之要删也。然自唐代以王弼注定为《正义》,于是学《易》者专言名理。惟李鼎祚《集解》不主弼义,博采诸家,以为"刊辅嗣之野文,补康成之逸象",而后来经生不能尽从其学。宋儒若胡瑗、程子,言理精粹,自非晋、唐诸儒可及,然于象亦阙焉不详。独金华郑刚中亨仲著《周易窥余》十五卷,兼收汉学,凡荀爽、虞翻、干宝、蜀才、九家之说,皆参互考稽,不主一家,其解义间异先儒,而亦往往有当于理。虽其人附和秦桧,公论不予,然阐发经义则自出新义,具有理解,要为《易》家所不废也。又古《易》本十二篇,自费直、郑玄以至王弼,递有移掇,孔颖达因弼本而作《正义》,行于唐代,古《易》自此不复存。宋吕大防仲微始考验旧文,作《周易古经》二卷,其后巨野晁说之以道作《古易》十二卷,永嘉薛季宣士龙作《古文周易》十二卷,余姚程迥可久作《古周易》一卷,丹陵李焘仁甫作《周易古经》八篇,岷山吴仁杰斗南作《古周易》十二卷,金华吕祖谦伯恭作《古周易》一卷,大致互相出入,独祖谦书最晚出而较有据,凡分《上经》、《下经》、《彖上传》、《彖下传》、《象上传》、《象下传》、《系辞上传》、《系辞下传》、《文言传》、《说卦传》、《序卦传》、《杂卦传》为十二篇。朱子尝为之跋,后作《本义》,即用祖谦而不用王弼焉。然唐代虽定王弼注为《正义》,而《新唐书·艺文志》著录玄注十卷,是唐时王学盛行,而郑注未堕地也。至北宋尚存玄注《文言》、《序卦》、《说卦》、《杂卦》四篇一卷,见《崇文总目》,而淳熙以后,诸儒罕所称引,盖亡于南宋之初。庆元王应麟伯厚独能于散佚之余,旁摭诸书,辑《周易郑康成注》一卷,搜罗放失,以存汉《易》之一线。经文异字,亦皆并存。其无经文可存者,则总录于末简。又以玄注多言互体,并取《左传》、《礼记》、《周礼》正义中论互体者八条,以类附焉。可谓笃志遗经,研心古义者矣。此宋儒之整理古《易》则有然者。虽然,宋儒《易》学之所以独成宋儒者不在此。盖宋儒《易》学之自名一家者甚众，然要其大别，不外象数、义理二宗，而泰州胡瑗翼之，开宋儒义理说《易》之先河，范阳邵雍①尧夫，为宋儒象数说《易》之大宗。汉儒言《易》，本多主象数；至宋儒言《易》，而象数之中，复歧出图书一派。此派盖大昌于邵雍，而造端于彭城刘牧长民者也。牧之学，出于洛阳种放名逸，放出亳州陈抟图南，其渊源与邵雍同，而以九为《河图》，十为《洛书》，则与雍异，著《易数钩隐图》三卷，附《遗论九事》一卷。其学盛行于仁宗时，黄黎献作《略例隐诀》，吴秘作《通神》，休宁程大昌泰之作《易原》，皆发明牧说。至建阳蔡元定西山则以为与孔安国、刘歆所传不合，而以十为《河图》，九为《洛书》。朱子从之，著《易学启蒙》。自是以后，言图书者皆宗朱、蔡，而牧之图几废焉。然图书之学，刘牧实为别传，而邵雍乃其正宗。雍之子曰伯温子文者，著《易学辨惑》一卷，中叙传授本末，谓："雍《易》受于青社李之才挺之。之才师郓州穆修伯长，修师陈抟。"则是陈抟者，宋儒图书说《易》之祖师也。然宋儒之有陈抟、邵雍，犹汉学之有孟、京，所谓"《易》外别传"者也。顾或者谓："陈抟以先天图传种放，更三传而至邵雍。放以《河图》、《洛书》传李溉，更三传而至刘牧。穆修以《太极图》传周敦颐，再传至程颢、程颐。厥后雍得之，以著《皇极经世》，牧得之，以著《周易钩隐图》，周敦颐得之，以著《太极图说》、《通书》，颐得之，以述《易传》。"据朱震《汉上易集传·卦图》之说云尔。其说颇为后人所疑。而朱子亦谓"程子之学，源于周子"。然考之程子《易传》，无一语及太极，而于《观》、《大畜》、《夬》、《渐》诸卦，云"予闻之胡翼之先生"，"予闻之胡先生曰"者，不一而足，则是程子之学，源于胡瑗，而于周敦颐无征也。倪天隐述其师胡瑗之说，有《周易口义》十二卷，其说《易》以义理为宗，而程子不信邵雍之数。故邵子《皇极经世》以数言《易》，而程子著《易传》四卷，则黜数而崇理，于胡瑗为近。其书以《序卦》分置诸卦之首，依李鼎祚《集解》例，而用王弼注本，但解《上下经》及《象》、

---

① 雍，原作"离"，误。

《象》、《文言》，亦与王弼注同。朱子《周易本义》，初亦用王弼本，后以吕祖谦《古周易》为本，然大指仍略同王弼，而加详焉。首列九图，末著揲法，大略兼义理、占象而言。附以《易学启蒙》一卷，曰《本图书》、《原卦画》、《明蓍筮》、《考变占》，凡四篇，殆折衷理、数二家之说而无所偏废者乎。蒲江魏了翁鹤山，盖问业于朱子之门人建昌李燔敬子、赵州辅广汉卿者，尝言："辞变象占，《易》之纲领，而彖象爻之辞，画爻位虚之别，互反飞伏之说，乘承比应之例，一有不知，则义理阙焉。"其大旨主于以象数求义理，折衷于汉学、宋学之间，辑《周易要义》十卷，虽主于王注、孔疏，而采摭谨严，别裁精审，可谓剪除支蔓，独撷英华者矣。虽然，宋儒《易》学，亦有不言理，不言数，而但言事者。上虞李光泰发《读易详说》十卷、吉水杨万里诚斋《易传》二十卷，其最著者也。光之书，于卦爻之词，皆引证史事。盖援古事以证爻象，始自郑玄，若全经皆证以史，则光书其始也。万里之书，大旨本程子《易传》，而参引史事以证之，则同李光，初名《易外传》，宋代书肆曾与程《传》并刊，谓之《程杨易传》。顾宋儒诋之者夥，以为足以耸文士之观瞻，而不足以服穷经士之心。然圣人作《易》，本以吉凶悔吝明人事，使天下万世无不知所从违，非徒使上智者矜谈妙悟，如佛家之传心印，道家之授丹诀。自谭《易》者推阐性命，句稽奇偶，其言愈微妙，而于圣人立教牖民之旨，愈南辕而北辙。箕子之贞，鬼方之伐，帝乙之归妹，孔子系辞，何尝不明证史事。依此而推，三百八十四爻，可以例举矣。舍人事而谈天道，正后儒说《易》之病，未可以引史证经为二家病。此一派也。又有不言理数，亦不言事，而言心性者，慈溪杨简敬仲《易传》二十卷、宁德王宗传景孟《童溪易传》三十卷，其最著者也。简之学出金溪陆九渊子静，故其解《易》，惟以人心为主。盖自汉以来，以玄空说《易》，始魏王弼；而以心性说《易》，始王宗传及简。宗传之论有"性本无说，圣人本无言"之语，与简之①旨相同。夫弼《易》祖尚玄

---

① 之，原作"文"，据文意改。

虚以阐发义理，汉学至是而始变。宋儒扫除古法，实以王注为蓝本。然胡瑗、程子祖其义理而归诸人事，故似浅近而醇实；宗传及简，祖其玄虚而索诸性天，故似高深而幻眇。此又一派也。然论宋儒《易》学者，要以程子《易传》、朱子《易本义》为大宗。临海董楷正叔者，朱子再传弟子也，尝辑《周易传义》十四卷，合程子《传》、朱子《本义》为一书，而采二子之遗说，附录其下，意在理数兼通。惟程子《传》用王弼本，而朱子《本义》则用吕祖谦《古周易》本，楷以程子在前，遂割裂朱子之书，散附程《传》之后，而朱子所定之古文，仍复淆乱。迨明之成祖，命行在翰林学士胡广等纂《周易大全》，即以楷书为底本，而列之学官，迄有清五百年间，士夫之为学，朝廷之取士，胥以此焉。乡塾之士，遂不复知有古经，则楷肇其端也。于是程《传》、朱《本义》之《大全》本行，而王注、孔疏亦废搁矣。元、明两代学者言《易》，大抵不脱宋儒窠臼，独明古义，不囿风气者，惟元天台陈应润之撰《周易爻变易缊①》，明海盐姚士粦叔祥之辑《陆氏易解》耳。考陈应润之书凡四卷，大旨谓"义理玄妙之谈，堕于老、庄；先天诸图，杂以《参同契》炉火之说，皆非《易》之本旨"，故其论八卦，惟据《说卦传》"帝出乎震"一节，为八卦之正位，而以"天地定位"一节，邵雍指为先天方位者，定为②八卦相错之用，谓文王演《易》，必不颠倒伏羲之文，致相矛盾。其论太极两仪四象，以天地为两仪，以四方为四象，谓："未分八卦，不应先有揲蓍之法，分阴阳太少。周子无极太极、二气五行之说，自是一家议论，不可说《易》。"盖自宋以后，毅然破陈抟之学者，自应润始。所注用王弼本，惟有《上下经》六十四卦。据《春秋左氏传》某卦之某卦例，如《乾》之《姤》曰"潜龙可勿用"，《乾》之《坤》曰"见群龙无首，吉"之类，故名曰爻变。其称一卦可变六十四卦，六爻可变三百八十四爻，即汉焦延寿《易林》之例，盖亦因古占法而推原其变通之意，非

---

① 周易爻变易缊，原作"周易爻羲变蕴"，误。
② 为，原作"谓"，据《四库提要》"周易爻变易缊"条改正。

臆说也。昔宋王应麟辑郑玄《易注》，为学者所重，而姚士粦抄撮京房《易传注》、李鼎祚《集解》诸书所引之吴陆绩《周易注》，以成《陆氏易解》一卷，虽不及应麟搜讨之勤博，然在陆注久佚之余，而掇拾丛残，存什一于千百，于元、明人《易》家之中，倘亦翘然独秀者矣。若乃师心自悟，暗与古会，足以卓然名一家者，莫如梁山来知德矣鲜，隐万县之深山，精思《易》理，自隆庆庚午至万历戊戌，阅二十九年，而成《周易集注》十六卷。其立说专取《系辞》中错综其数以论《易》象，而以《杂卦》治之。错者，阴阳对错，如《先天圆图》《乾》错《坤》、《坎》错《离》，八卦相错，是也。综者，一上一下，如《屯》、《蒙》之类，本①是一卦，在下为《屯》，在上为《蒙》，载之《序卦》，是也。其论错，有四正错，有四隅错；论综，有四正综，有四隅综。有以正综隅，有以隅综正。其论象，有卦情之象，有卦画之象，有大象之象，有中爻之象，有错卦之象，有综卦之象，有爻变之象，有占中之象。皆由冥心力索，得其端倪，因而参互旁通，自成一说。当时推为绝学。然《上下经》各十八卦，本之旧说，而所说中爻之象，亦即汉以来互体之法，特知德纵横推阐，专明斯义，较先儒为详尽耳。既清儒崛起，务摧剥宋学，宏宣汉《易》，别成风气，而首驱除夫难者，要推余姚黄宗羲太冲、宗炎②晦木兄弟暨德清胡渭朏明三氏。初，陈抟推阐《易经》，衍为诸图，其图本准《易》而生，故以卦爻反复研求，无不符合。传者务神其说，遂归其图于伏羲，谓《易》反由图而作。又因《系辞》、《河图》、《洛书》之文，取大衍算数，作五十五点之图，以当《河图》，取《乾凿度》太乙行九宫法，造四十五点之图，以当《洛书》。其阴阳奇偶，亦一一与《易》相接应。传者益神其说，又真以为龙马神龟之所负，谓伏羲由此而有先天之图。实则唐以前书绝无一字之征验，而突出于北宋之初，邵雍、朱子亦但取其数之巧合，而未暇究其太古以来从谁授受。于是宗羲病其

---

① 本，原作"木"，据《四库提要》"周易集注"条改。
② 炎，原作"爻"。按：黄宗羲弟宗炎，字晦木。

末派之支离，纠本原之依托，著《易学象数论》六卷，自序云："世儒视象数为绝学，今一一疏通，知于《易》本无干涉，而后反求程《传》，亦廓清之一端。"又称"王辅嗣注简当无浮义"，而病朱子添入康节先天之学为添一障，可谓了当。而宗炎著《周易象辞》附《寻门余论》、《图书辨惑》二十四卷，大指谓"陈抟之图书，乃道家养生之术"，与元陈应润之说合。而论"四圣相传，不应文王、周公、孔子之外，别有伏羲之《易》，为不传之秘。《周易》未经秦火，不应独禁其图，转为道家藏匿，二千年，至陈抟而始出"，则尤笃论也。然皆各据所见，抵其罅隙，尚未能穷溯本末，一一抉所自来。独胡渭著《易图明辨》十卷，辨《河图》、《洛书》，辨五行、九宫，辨《周易参同》、先天太极，辨《龙图》、《易数钩隐图》，辨《启蒙》图书，辨先天《古易》，辨后天之学，辨卦变，辨象数流弊，大指谓："《诗》、《书》、《礼》、《春秋》，皆不可无图，独《易》无所用图。六十四卦二体六爻之画，即其图也。八卦之次序方位，则《乾》《坤》三索、出《震》齐《巽》二章尽之矣。"引据旧文，互相参证，以箝依托者之口。于是学者知图书之说，虽言之有故，执之成理，乃修炼、术数二家旁分《易》学之支流，而非作《易》之根柢。视黄氏兄弟所论，尤为穷源竟委，其功不可没也。然此三君子者，于宋儒有推陷廓清之功，而汉学之究宣未极宏。至吴县惠士奇天牧，撰《易说》六卷，以为："今所传《易》出费直《易》。费本古文，王弼尽改俗书，又创虚象之说，而汉《易》亡矣。易者，象也。圣人观象而系辞，君子观象而玩辞。六十四卦皆实象，安得虚哉？汉儒言《易》，孟喜以卦气，京房以适变，荀爽以升降，郑康成以爻辰，虞翻以纳甲，其说不同，而指归则一，皆不可废。"然士奇博学无所成名，力矫王弼以来空言说经之弊，征引赅备，而失之杂。其子曰栋，字定宇者，博通经史，尤邃于《易》，谓："孔子作《十翼》，其微言大义，七十子之徒相传，至汉犹有存者。自王弼兴而汉学亡，幸存其略于李氏《集解》。"精研三十年，引伸触[①]类，始

---

① 触，原作"解"，误。

得贯通其旨，乃追考汉儒《易》学，掇拾绪论，成《易汉学》八卷，凡《孟长卿易》二卷、《虞仲翔易》一卷、《京君明易》二卷、《干宝易》附见。《郑康成易》一卷、《荀慈明易》一卷，其末一卷，则栋发明汉《易》之理，以辨正《河图》《洛书》先天太极之学。又究汉儒之传，以阐明《易》之本例，凡九十类，成《易例》二卷。汉学之绝者千有五百余年，至是而灿然复章。又自为解释，成《周易述》二十三卷，专宗虞翻，而参以郑玄、荀爽、宋咸、干宝诸家之说，融会其义，自为注而自疏之。持论尤精警者，孔颖达《正义》据马融、陆绩说，以爻辞为周公作，与郑学异。其所执者，《明夷》六五云"箕子"，《升》六四云"王用享岐①山"，皆文王后事，论者不能夺也。独栋引《春秋传》、《禹贡》、《尔雅》以证"王用享岐山"之为夏后氏而非文王，而"箕子明夷"则用汉赵宾之说，疏通证明，以为："箕子当从古文作其子。其，古音亥，亦作箕。刘向云：'今《易》箕子作荄兹。'荀爽据以为说，读箕子为荄兹。其与亥，子与兹，文异而音义同。《三统历②》云：'该阂于亥，孳萌于子。'该、荄亦同物也。五本坤也。坤终于亥，乾出于子，用晦而明，明不可息，故曰③其子之明夷。马融俗儒，不识七十子传《易》之大义，读其为箕，盖涉象传而讹。五为天位，箕子，臣也，而当君位，乖于《易》例甚矣。谬种流传，兆于西汉博士施雠读其为箕。蜀人赵宾述孟氏之学，以为'箕子明夷，阴阳气无箕子。箕子者，万物方荄兹也'。宾据古义以难诸儒，诸儒皆屈。于是施雠、梁丘贺皆嫉之。孟喜与雠、贺同事田王孙，喜未贵而学独高。喜所传《易》家候阴阳灾变书，得自王孙，而贺恶之，谓无此事。语闻于上，宣帝遂以喜为改师法，中梁丘之潜也。雠、贺嫉喜而并及宾。班固作喜传，亦用雠、贺之单词，皆非实录。刘向《别录》犹循孟学。故马融俗说，荀爽独知其非，复用宾古义。"虽敢为异论，而不尽合事实，然自是清儒论《易》家多信孟喜真传田王孙学者，

---

① 岐，原作"歧"，据《周易》改。
② 历，原作"术"，据惠栋《周易述》卷五改。
③ 曰字原缺，据《周易述》补。

其说实自栋发之。然按《汉书·儒林传》云："赵宾以为箕子明夷，阴阳气无箕子。箕子者，万物方荄滋也。云受孟喜。喜为名之。"此赵宾谓"箕子"二字为"荄滋"之误也。然则赵宾所见之《易经》本是"箕子"二字矣。虞翻云："箕子，纣诸父。五，乾天位，今化为坤，箕子之象。"虞翻世传孟氏《易》，而不从"荄滋"之说，可见孟氏《易》不作"荄滋"矣。惠栋言《易》尊虞翻，何以于此独不从虞翻乎？此不可解也。惟汉人之《易》，孟、费诸家，各有师承，势不能合。而栋之学宗祢虞翻，有未通，补以郑、荀诸儒，学者以无家法少之，未若武进张惠言皋文治虞翻《易》之为专家绝学也。惠言之论，大指以为："翻之《易》学，自其高祖父故零陵太守光治孟氏《易》，世传其业，至翻五世。又具见马、郑、宋、荀氏书，考其是否。故其言《易》，以阴阳消息六爻发挥旁通，升降上下，归于《乾》元用九而天下治。依物取类，贯穿比附，始苦琐碎，及其沈深解剥，离根散叶，畅茂条理，遂于大道，后儒罕能通之。自魏王弼以虚空之言解《易》，唐立之学官，而汉世诸儒之说微。惟郑、荀、虞三家，略有梗概可指说，而虞又较备。然则七十子之微言，田何、杨叔、丁将军之所传者，舍虞氏注奚从也！"故求其条贯，明其统例，释其疑滞，信其亡阙，为《周易虞氏义》九卷；表其大指，为《周易虞氏消息》二卷。又撰《虞氏易礼》、《易事》、《易候》、《易言》及《虞氏略例》，务以探赜索隐，存一家之学焉。惟惠、张二家，咸以汉《易》之亡归狱王弼，独甘泉焦循理堂明其不然。其大指以为："东汉末以《易》学名家者，称荀、刘、马、郑。刘，谓刘景升表。表之学受于王畅。王弼者，刘表之外曾孙，而畅之嗣玄孙也。弼之学，盖渊源于刘，而实根本于畅。兄宏，字正宗，亦撰《易》义。兄弟皆以《易》名，可知其所受者远矣。故弼之《易》，虽参以己见，而解'箕子'为'荄兹'，正用赵宾解；又如读'彭'为'旁'，借'雍'为'甕'，通'孚'为'浮'，而训为务躁，解'斯'为'厮'，而释为贱役之属，皆以六书通借。解经之法，尚未远于马、郑诸儒，特貌为高简，故疏者概视为空论耳。"因作《周易王氏注补》一卷，可谓持平之论也。考循之《易》本出家学，尝疑一"号咷"也，何以既见于《旅》，又见于《同人》？一"拯马壮"也，何以既见于《复》①，又见于《明夷》？密云不雨之象，何以《小畜》与《小过》同辞？甲庚三日之占，何以《蛊》象与《巽》象同例？乃遍读说《易》之书，既悟洞渊九容之术，实通于《易》，乃以数之比例，求《易》之比例。以《易》解《易》，触类求通，成《易通释》二十卷。自谓："学《易》所悟得者有三：一曰旁通，二曰相错，三曰时行。旁通者，在本卦，初与四易，二与五易，三与上易。本卦无可易，则旁通于他卦，亦初通于四，二通于五，三通于上。先二五，后初四、三上，为当位，不俟二五，而初四、三上先行，为失道。《易》之道惟在变通，二五先行，而上下应之，此变通不穷也。或初四先行，三上先行，则上下不能应，然能变而通之，仍大中而上下应。如《乾》四之《坤》，而成《小畜》、《复》，失道矣。变通之，《小畜》二之《豫》五，《姤》二之《复》五；《复》初不能应，《姤》初则能应；《小畜》四不能应，《豫》四则能应。《坎》四之《离》上而成《井》、《丰》，失道矣。变通之，《井》二之《噬嗑》五，《丰》五之《涣》二；《丰》上不能应，《涣》上则能应；《井》三不能应，《噬嗑》三则能应。此所谓时行也。比例之义，出于相错。如《暌》二之五为《无妄》，《井》二之《噬嗑》五亦为《无妄》，故《暌》之'噬肤'，即《噬嗑》之'噬肤'。《坎》三之《离》上成《丰》，《噬嗑》上之三亦成《丰》，故《丰》之'日昃'，即《离》之'日昃'，《丰》之'日中'，即《噬嗑》之'日中'。《渐》上之《归妹》三，《归妹》成《大壮》，《渐》成《蹇》；《蹇》《大壮》相错成《需》，故归妹以须之，即《需》也。《归妹》四之《渐》初，《渐》成《家人》，《归妹》成《临》，《临》通《遁》，相错为《谦》；《履》故眇能视，跛能履；《临》二之五，即《履》二之《谦》五之比例也。"《易通释》既成，复提其要，为《易图略》八卷，凡图五篇，原八篇，发明旁通相错时行之义；论十篇，破旧说之非。复成《易章句》十二卷，总

称《雕菰楼易学三书》，共四十卷。盖其为学，不拘汉、魏各师法，惟以卦爻经文比例为主。号咷密云，踪迹甚显；蔾藜樽酒，假借可据。如郭守敬之以实测得天行也，可谓冥心孤往，独辟蹊径者矣。尤岂惠、张诸家，墨守汉《易》，姝姝一先生之言者所可及耶！晚清善化皮锡瑞鹿门撰《易学通论》，以张惠言为专门，焦循为通学，而谓"学者当先观二家之书"，可谓知言之士。然锡瑞论《易》，崇义理而黜象数，实主王注、程传，据《汉书·儒林传》以证明孟喜阴阳灾变书之不出田王孙，京房纳甲之托孟喜，而深慨清儒惠栋以来重理孟、京之绪之为大惑，曰："经学有正传，有别传。以《易》而论，别传非独京氏而已，如孟氏之卦气，郑氏之爻辰，皆别传也。又非独《易》而已，如伏《传》五行，齐《诗》五际，《礼·月令》明堂阴阳说，《春秋公羊》多言灾异，皆别传也。子贡谓夫子性与天道，不可得闻，则孔子删定六经以垂世立教，必不以阴阳五行为宗旨。至孟、京出而汉儒称谶纬，宋人斥谶纬而称图书。其实焦、京之《易》，出阴阳家之占验，虽应在事后，非学《易》之大义；陈、邵之《易》，出道家之修炼，虽数近巧合，非作《易》之本旨，故虽自成一家之学，而于圣人之《易》，实是别传而非正传。近儒于陈、邵之图，辟之不遗余力，而又重理焦、京之说。独焦循说《易》，自辟町畦，以虞氏之旁通，兼荀氏之升降，意在采汉儒之长而去其短，而于孟氏之卦气，京氏之纳甲，郑氏之爻辰，皆驳正之以示后学，曰：'纳甲卦气，皆《易》之外道。赵宋儒者辟卦气而用先天。近人知先天之非矣，而复理纳甲卦气之说，不亦唯之与阿哉。'"斯又侃侃敷陈，清儒之箴砭也。他如衡阳王夫之而农之《周易稗疏》，萧山毛奇龄大可之《仲氏易》、《推易始末》、《春秋占筮书》三书，旌德姚配中仲虞之《周易姚氏学》、甘泉江藩郑堂之《周易述补》、震泽陈寿熊献青之《读易汉学私记》、宝应成蓉镜芙卿之《周易释爻例》之属，皆清儒《易》学之有根据、有条理者，虽立说或有未纯，要其创通新解，补苴前贤，多可取者。然《易》道渊深，包罗众义，随得一隙，皆能宛转关通，有所阐发。近儒侯官严复又陵序其所译英儒赫胥黎著《天演论》，则又据《易》理以阐欧学,其大指以为:"欧学之最为切实而执其理可以御蕃变者,名、数、质、力四者之学是已。而吾《易》则名数以为经,质力以为纬,而合而名之曰《易》。大宇之内,质力相推,非质无以见力,非力无以呈质。凡力,皆乾也。凡质,皆坤也。奈端动之例三:其一曰:'静者不自动,动者不自止。动路必直,速率必均。'此所谓旷古之虑。自其例出,而后天学明,人事利者也。而《易》则曰:'乾,其静也专,其动也直。'后二百年,有斯宾塞尔者,以天演自然言化,著书造论,贯天地人而一理之,此亦轶近之绝作也。其为天演界说曰:'翕以合质,辟以出力,始简易而终杂糅。'《易》则曰:'坤,其静也翕,其动也辟。'至于'全力不增减'之说,则有'自强不息'为之先。'凡动必复'之说,则有'消息之义'居其始。而'《易》不可见,乾坤或几乎息'之旨,尤与'热力平均,天地乃毁'之言相发明。"可谓有味乎其言之也。然严复尚非《易》家也,不过为阐《易》道以欧学者之大辂椎[1]轮而已。至海宁杭辛斋出,精究《易》义,博及诸家传注,而搜藏言《易》之书六百二十余种,并世之言《易》藏者莫备焉。著有《易楔》□[2]卷,《学易必谈初集》、《二集》各四卷,《易数偶得》二卷,《愚一录易说订》二卷,《读易杂识》一卷,《改正揲蓍法》一卷。其平日持论以为:"《易》如大明镜,无论以何物映之,莫不适如其本来之象。如君主立宪,义取亲民,为《同人》象;民主立宪,主权在民,为《大有》象;社会政治,无君民上下之分,为《随》象。乃至日光七色,见象于白《贲》;微生虫变化物质,见象于《蛊》。又如《系辞》言'坤,其静也翕,其动也辟',而所谓辟者,即物理学之所谓离心力也;翕者,即物理学所谓向心力也。凡物之运动,能循其常轨而不息者,皆赖此离心、向心二力之作用。地球之绕日,即此作用之公例也。凡近世所矜为创获者,而《易》皆备其象,明其理于数千年之前。盖理本一原,数无二致,时无古今,地无中外,有偏重而

无偏废。中土文明,理重于数,而西国则数胜于理。重理,或流于空谈而鲜实际;泥数,或偏于物质而遗精神。惟《易》则理数兼赅,形上道而形下器,乃足以调剂中西末流之偏,以会其通而宏其指。"此则推而大之以至于无垠,而异军突起,足为《易》学辟一新途者焉。纂《周易志》第二。

尚书志第三

昔在帝尧，聪明文思，光宅天下，将逊于位，让于虞舜，作《尧典》。虞舜侧微，尧闻之聪明，将使嗣位，历试诸难，作《舜典》。帝厘下土方，设居方，别生分类，作《汩作》、《九共》九篇、《槁饫》。皋陶矢厥谟，禹成厥功，帝舜申之，作《大禹》、《皋陶谟》、《弃稷》。禹别九州，随山浚川，任土作贡，作《禹贡》。启与有扈战于甘之野，作《甘誓》。太康失邦，昆弟五人，须于洛汭，作《五子之歌》。羲、和湎淫，废时乱日，胤往征之，作《胤征》。自契至于成汤八迁，汤始居亳，从先王居，作《帝告》、《釐沃》。汤征诸侯，葛伯不祀，汤始征之，作《汤征》。伊尹去亳适夏，既丑有夏，复归于亳，入自北门，乃遇汝鸠、汝方，作《汝鸠》、《汝方》。伊尹相汤伐桀，升自陑，遂与桀战于鸣条之野，作《汤誓》。夏师败绩，汤遂从之，遂伐三朡，俘厥宝玉，谊伯、仲伯作《典宝》。汤既胜夏，欲迁其社不可，作《夏社》、《疑至》、《臣扈》。汤归自夏，至于大坰，仲虺作诰。汤既黜夏命，复归于亳，作《汤诰》。伊尹作《咸有一德》。咎单作《明居》。成汤既没，太甲元年，伊尹作《伊训》、《肆命》、《徂后》。太甲既立，不明，伊尹放诸桐，三年，复归于亳，思庸，伊尹作《太甲》三篇。沃丁既葬伊尹于亳，咎单遂训伊尹事，作《沃丁》。伊陟相太戊，亳有祥桑穀共生于朝，伊陟赞于巫咸，作《咸乂》四篇。太戊赞于伊陟，作《伊陟》、《原命》。仲丁迁于嚣，作《仲丁》。河亶甲居相，作《河亶甲》。祖乙圮于耿，作《祖乙》。盘庚五迁，将治亳，殷民咨胥怨，作《盘庚》三篇。高宗梦得说，使百工营求诸野，得诸傅岩，作《说命》三篇。高宗祭成汤，有飞雉升鼎耳而雊，祖己训诸王，作《高宗肜日》、《高宗之训》。殷始咎周，周人乘黎，祖伊恐，奔告于受，作《西伯戡黎》。殷既错天命，微子作诰父师、少师。惟十有一年，武王伐殷，一月戊午，师渡孟津，作《太誓》三篇。武王戎车三百两，虎贲三百人，与受战于牧野，作《牧誓》。武王伐殷，往伐归兽，识其政事，作《武成》。武王胜殷，杀受，立武庚，以箕子归，作《洪范》。武王既胜殷，邦诸侯，班宗彝，作《分器》。西旅献獒，太保作《旅獒》。巢伯来朝，芮伯作《旅巢命》。武王有疾，周公作《金縢》。武王崩，三监及淮夷叛，周公相成王，将黜殷命，作《大诰》。成王既黜殷命，杀武庚，命微子启代殷后，作《微子之命》。唐叔得禾，异亩同颖，献天子，王命唐叔归周公于东，作《归禾》。周公既得命禾，旅天子之命，作《嘉禾》。成王既伐管叔、蔡叔，以殷余民邦康叔，作《康诰》、《酒诰》、《梓材》。成王在丰，欲宅洛邑，使召公先相宅，作《召诰》。召公既相宅，周公往营成周，使来告卜，作《洛诰》。成周既成，迁殷顽民，周公以王命告，作《多士》。周公作《无逸》。召公为保，周公为师，相成王为左右。召公不悦，周公作《君奭》。成王东伐淮夷，遂践奄，作《成王政》。成王既践奄，将迁其君于蒲姑，周公告召公，作《将蒲姑》。成王归自奄，在宗周诰庶邦，作《多方》。成王既黜殷命，灭淮夷，还归在丰，作《周官》。周公作《立政》。成王既伐东夷。肃慎来贺，王俾荣伯作《贿肃慎之命》。周公在丰，将没，欲葬成周。公薨，成王葬于毕，告周公，作《亳姑》。周公既没，命君陈分正东郊、成周，作《君陈》。成王将崩，命毕①公、召公率诸侯相康王，作《顾命》。康王既尸天子，遂诰诸侯，作《康王之诰》。康王命作册，毕公分居里，成周郊，作《毕命》。穆王命君牙为周大司徒，作《君牙》。穆王命伯冏为周太仆正，作《冏命》。蔡叔既没，王命蔡仲践诸侯位，作《蔡仲之命》。鲁侯伯禽宅曲阜，徐、夷并兴，东郊不开，作《费誓》。吕侯命穆王训夏赎刑，作《吕刑》。平王锡晋文侯秬鬯、圭瓒，作《文侯之命》。秦穆公伐郑，晋襄公帅师败诸崤，还归，作《秦誓》。至孔子观书于周室，得虞、夏、商、周四代之典，乃断自唐、虞

---

① 毕，原作"周"，据《书序》改。

之际，下迄秦穆，芟烦翦浮，举其宏纲，定为《尚书》百篇，而为之序，言其作意。或说："孔子求得黄帝玄孙帝魁之书，迄于秦穆，凡三千二百四十篇。断远取近，定其可为世法者一百二十篇，以百二篇为《尚书》，十八篇为《中候》。"此据《尚书纬·璇玑钤》文也。谓之《尚书》者，梅赜伪孔安国《传》曰："以其上古之书，谓之《尚书》。"王肃曰："上所言下，为史所书，故曰《尚书》也。"盖书之所主，本于号令，所以宣王道之正义，发话言于臣下，故其所载皆典谟训诰誓命之文。子夏问《书》大义，孔子曰："吾于《帝典》见尧、舜之圣焉，于《大禹谟》《皋陶谟》见禹、稷、皋陶之忠勤功勋焉，于《洛诰》见周公之德焉。故《帝典》可以观美，《大禹谟》《禹贡》可以观事，《皋陶谟》《益稷》可以观政，《洪范》可以观度，《太誓》可以观义，五诰可以观仁，《吕刑》可以观诚。通斯七者，《书》之大义举矣。"三千之徒，并受其学。及秦始皇灭先代典籍，焚书坑儒，天下学士，逃难解散。汉兴，孝文帝时求能治《尚书》者，天下无有，独济南伏生名胜字子贱者，故秦博士，名能治之。欲召，而伏生年九十余，老不能行，于是诏太常使掌故颍川晁错往受之。秦时禁书，伏生壁藏之，其后大兵起，流亡。汉定，伏生求其书，亡数十篇，独得《尧典》《皋陶谟》《禹贡》《甘誓》《汤誓》《盘庚》《高宗肜①日》《西伯戡黎》《微子》《太誓》《牧誓》《洪范》《金縢》《大诰》《康诰》《酒诰》《梓材》《召诰》《洛诰》《多士》《无逸》《君奭》《多方》《立政》《顾命》《费誓》《吕刑》《文侯之命》《秦誓》二十九篇。《汉书·艺文志》载《尚书经》二十九卷，盖即伏生书也。生以教于齐鲁之间，博引异言，援经申证，撰次《尚书大传》，凡三卷八十三篇。其书兼明大义，不尽释经，而释经可据者，如大麓之野，必是山林；旋机之星，实为北极；祢祖归假，知事死如事生；鸟兽咸变，见物性通人性；十二州之兆祀，是祭星辰；三千条之肉刑，难解画象；七始七律，文犹见于唐山；五服五章，制岂同于周世；三公绌陟，在巡狩之先；

---

① 肜，原作"彤"，误。

重华禅让，居宾客之位；西伯受命，逮六载而称王；元公居摄，阅七年而致政；成王抗法，为世子以迎侯；皇天动威，开金縢而改葬。此皆伏生所传古解，而或者以为伏生弟子记也。学者由是颇能言《尚书》。而晁错传伏生书，以教汝阳何比干少卿。诸山东大师无不涉《尚书》以教。最先出者，济南张生及千乘欧阳生，皆伏生弟子也。欧阳生，字和伯，传伏生之学，以授同郡兒宽。而宽又治古文《尚书》于鲁国孔安国，有俊才，举侍御史。见武帝，语经学。上曰："吾始以《尚书》为朴学，弗好。及闻宽说可观，乃从宽问一篇。"欧阳、大小夏侯氏皆出于宽，传伏生书而说多违异。如大夏侯说万方之事，大录于君，见《汉书·于定国传》。背伏生大麓之说一矣。小夏侯说周公封弟康叔，号曰孟侯，见《地理志》。背伏生迎侯之说二矣。夏侯说虞宾在位，为不臣丹朱，见《白虎通》。背伏生舜为宾客之说三矣。欧阳、夏侯说天子服十二章，公卿服九章，见《续汉·舆服志》。背伏生五服五章之说四矣。按兒宽为伏生再传弟子，欧阳、大小夏侯之所自出，而欧阳、大小夏侯说多违异伏生者，或者以宽受孔安国古文《尚书》而杂用古文之说也。宽授欧阳生子，世世相传，至曾孙高子阳。由是《尚书》世有欧阳氏学。济南林尊长宾者，事欧阳高，为博士，论石渠，后至少府、太子太傅，传平陵平当子思、梁陈翁生。武帝时，当以经明《禹贡》，使行河，为骑都尉，领河堤，由是陈山川言治河者，别出《禹贡》为《尚书》专家之学，其端实自平当发。当至丞相。翁生，信都太傅，家世传业，由是欧阳有平、陈之学。翁生传琅邪殷崇、楚国龚胜君宾。崇为博士，胜右扶风。而平当传九江朱普公文、上党鲍宣子都。普为博士，宣司隶校尉。宣与龚胜，皆著高节，知名者也。济南张生为博士。鲁国夏侯都尉从受《尚书》，以传族子始昌。始昌之族子曰胜长公者，少孤好学，从始昌受《尚书》及《洪范五行传》，说灾异，后事同郡简卿。简卿者，兒宽门人，而胜又从欧阳氏问，为学精熟，非一师也。征为博士、光禄大夫。会昭帝崩，昌邑王嗣立，数出，胜当乘舆前谏曰："天久阴不雨，臣下有谋上者。"王怒，谓胜袄言，缚属吏。吏白大将军霍光。

是时光与车骑将军张安世谋欲废昌邑王。光让安世以为泄语，安世实不言，乃召问胜。胜对言："《洪范传》曰：'皇之不极，厥罚常阴，时则下人有伐上者。'恶察察言，故言臣下有谋。"光、安世大惊。由是推阴阳言灾异者，别出《洪范》五行为《尚书》专家之学，其端实自夏侯胜发之。胜从父子建，字长卿，自师事胜及欧阳高，左右采获，又从五经诸儒①问与《尚书》相出入者，牵联以次章句，具文饰说。胜非之曰："建所谓章句小儒，破碎大道。"建亦非胜为学疏略，难以应敌。建卒以自专门名经，为议郎博士，至太子少傅。胜用《尚书》授上官太后，官长信少府，迁太子太傅，受诏撰《尚书论语说》，赐黄金百斤。年九十，卒官，赐冢茔。太后赙钱二百万，为胜素服五日，以报师傅之恩。儒者以为荣。由是《尚书》有大小夏侯之学。齐人周堪少卿、鲁人孔霸次儒，皆事大夏侯胜。霸为博士，堪译官令，论于石渠，经为最高，后为太子少傅，而孔霸以大中大夫授太子。太子即位，为元帝，累擢堪为光禄勋。堪传牟卿疑或牟融之同族。及长安许商长伯。牟卿为博士。霸以帝师赐爵号褒成君，传子光子夏，亦事牟卿，至丞相。由是大夏侯有孔、许之学。许商明《洪范》五行，善推阴阳灾异，著《五行传记》一篇，见《汉书·艺文志》。四至九卿，号其门人沛唐林子高为德行，平陵吴章伟君为言语，重泉王吉少音为政事，齐炔钦幼卿为文学。王莽时，林、吉为九卿，自表上师冢，大夫博士郎吏为许氏学者，各从门人，会车数百两，儒者荣之。钦、章皆为博士，徒众尤盛。此大夏侯之学也。传小夏侯之学者，有平陵张山拊长②宾为博士，论石渠，至少府。授同县李寻子长、郑宽中少君、山阳张无故子儒、信都秦恭延君、陈留假仓子骄。无故善修章句，为广陵太傅，守小夏侯说文。恭增师法至百万言，为城阳内史。仓以谒者论石渠，至胶东相。宽中以博士授太子，即位为成帝，赐爵关内侯，迁光禄大夫，领尚书，甚尊重。

---

① 儒，原作"侯"，误。
② 长，原作"张"，误。

宽中等守师法教授,寻独好《洪范》灾异,又学天文月令阴阳事。由是
小夏侯有郑、张、秦、假、李氏之学。宽中传东郡赵玄,无故传沛唐尊
伯高,恭传鲁冯宾。宾为博士。尊,王莽太傅。玄,哀帝御史大夫,至
大官,知名者也。自武帝立五经博士,《书》惟有欧阳,至宣帝乃增立
大小夏侯。夏侯《尚书》依伏生篇数,而欧阳氏则分《盘庚》为三,故
《大小夏侯章句》各二十九卷,《大小夏侯解诂》二十九篇,与伏生经二
十九卷同,而《欧阳章句》得三十一卷,见《汉书·艺文志》,是为今文
《尚书》。古文《尚书》者,出孔子壁中,而藏之者,或说孔腾,或说孔
鲋,未详孰是。武帝末,鲁共王坏孔子宅,欲以广其宫,而得古文《尚
书》及《礼记》、《论语》、《孝经》凡数十篇,皆古字也。共王往入其宅,
闻鼓琴瑟钟磬之音,于是惧,乃止不坏宅,悉以书还孔氏。孔安国者,
孔子十一世孙也。得其书,以所闻伏生之书考论文义,定其可知者,
为隶古定,更以竹简写之,增多伏生十六篇,曰《舜典》、《汩作》、《九
共》、《大禹谟》、《弃稷》、《五子之歌》、《胤征》、《汤诰》、《咸有一德》、
《典宝》、《伊训》、《肆命》、《原命》、《武成》、《旅獒》、《冏命》,内《九共》
分为九,则出八篇为二十四篇,而又增析伏生二十九篇之《盘庚》、《太
誓》皆为三,《汉书·艺文志》著录《尚书古文经》四十六卷,为五十七
篇者是也。盖《尚书》兹多于是矣。安国献之,遭巫蛊,未列于学官。
安国为谏大夫,以传都尉朝,而司马迁亦从安国问故,撰《史记》,载
《尧典》、《禹贡》、《洪范》、《微子》、《金滕》诸篇,采今文而不用古文
说①。都尉朝传胶东庸谭,谭传清河胡常少子,以明《穀梁春秋》为博
士、部刺史,又传《左氏》。常传虢徐敖。敖为右扶风掾,又传《毛诗》,
授王璜、平陵涂恽子真。子真传河南桑钦君长。世所传百两篇者,出
东莱张霸,分析合二十九篇以为数十,又采《左氏传》、《书叙》为作首
尾,凡百二篇。篇或数简,文意浅陋。成帝时,光禄大夫刘向校经传

---

① 《汉书·儒林传》谓"迁书载《尧典》、《禹贡》、《洪范》、《微子》、《金滕》诸篇,多古
文说"。

诸子,求《尚书》古文者,霸以能为百两篇征,以中古文校之,非是,是为最先出之伪古文《尚书》。而中古文者,盖即安国所献者也。刘向以中古文校欧阳、大小夏侯三家经文,《酒诰》脱简一,《召诰》脱简二。率简二十五字,脱亦二十五字,简二十二字,脱亦二十二字,文字异者七百有余,脱字数十,而向治《穀梁春秋》,数其祸福,傅以《洪范》,成《尚书洪范五行传论》十一卷,《汉书·艺文志》、《隋书·经籍志》著录者是也。自孝武时,夏侯始昌通五经,善推《五行传》,以传族子夏侯胜,下及许商,皆以教所贤弟子,其传与刘向同,惟刘歆传独异。歆,向之子也,受诏嗣父领校秘书,贵幸,欲建立《左氏春秋》及《毛诗》、《逸礼》、古文《尚书》皆列于学官。哀帝令歆与五经博士讲论其义,博士或不肯置对,歆移书太常切责之。诸儒皆怨恨,卒不果立。王莽时,诸学皆立,而王璜、涂恽之传古文《尚书》者,皆贵显矣。由是《尚书》有古文之学。时世祖龙潜在野,之长安,受《尚书》于中大夫庐江许子威,未详今古文谁宗。既中兴汉业,立五经博士,《尚书》欧阳、大小夏侯,而古文不与立焉,疑亦习今文《尚书》也。今文欧阳《尚书》,后汉传习最盛。自显宗以下,诸帝者罔不习欧阳焉,则桓氏之故也。沛郡桓荣春卿,少学长安,习欧阳《尚书》,事博士九江朱普,精力不倦,十五年不窥家园。教授徒众数百人。世祖即位,既立显宗为皇太子,选求明经,乃选荣弟子豫章何汤仲弓为虎贲中郎将,以《尚书》授皇太子。世祖从容问汤本师为谁,汤对:"事沛国桓荣。"帝即命荣,令说《尚书》,甚善之,拜议郎,入使授太子。每朝会,辄令荣于公卿前敷奏经书。帝称善,曰:"得生几晚。"会欧阳博士缺,帝欲用荣,荣谦对:"经术浅薄,不如同门生郎中彭闳作明、扬州从事皋宏奉卿也。"帝曰:"俞,往,汝谐。"因拜荣为博士,引闳、宏为议郎。车驾幸太学,会诸博士论难于前。荣被服儒衣,温恭有蕴藉,辨明经义,每以礼让相厌,不以辞长胜人,儒者莫之及,特加恩赏,常令止宿太子宫。积五年,荣荐门下生九江胡宪侍讲,乃能得出,旦一入而已。累擢太常。显宗即位,尊以师礼。尝幸太常府,令荣坐东南,设几杖,会百官及荣门生数百人，天子亲自执业，每言辄曰："太师在是。"会三雍成，拜荣为五更。每大射养老礼毕，帝辄引荣及弟子升堂，执经自为下说。乃封荣为关内侯，食邑五千户。门徒多仕公卿。颍川丁鸿孝公、赵国张禹伯达、汝南张酺孟侯，皆至三公。荣少子郁字仲恩，少以父任为郎。敦厚笃学，传父业，以《尚书》教授，门徒常数百人。荣卒，袭爵。显宗以郁先师子，甚见亲厚，常居中论经书，问以政事，稍迁侍中。帝自制《五家要说章句》，令郁校定于宣明殿。永平十五年，入授皇太子经。太子即位为肃宗，累迁屯骑校尉。和帝即位，富于春秋，侍中窦宪自以帝舅之重，欲令少主颇涉经学，上疏皇太后曰："昔五更桓荣，亲为帝师。子郁，结发敦尚，继传父业，故再以校尉入授先帝。父子给事禁省，更历四世。今白首好礼，经行笃备，宜令郁入教授。"由是迁长乐少府，复入侍讲。顷之，转侍中奉车都尉。永元四年，代丁鸿为太常。郁教授二帝，恩宠甚笃。门人弘农杨震伯起、京兆朱宠仲威，皆至三公。初，荣受朱普学章句四十万言，及荣入授显宗，减为二十三万言，郁复删省，定成十三万言，由是有《桓君大小太常章句》。郁中子焉，以父任为郎，能世传其家学。永初元年，入授安帝。而侍中南阳邓宏，亦以帝舅治欧阳《尚书》，授帝禁中，然不如焉之三代帝者师，推世儒宗。三迁为侍中步兵校尉。永宁中，顺帝立为皇太子，以焉为太子少傅，月余迁太傅。顺帝即位，累官太尉。弟子传业者数百人，江夏黄琼世英、弘农杨赐伯献，皆至三公，最知名。孙典字公雅，复传其家业，以《尚书》教授颍川，门徒数百人。桓氏自荣至典，世宗其道，父子兄弟代作帝师，受其业者皆至卿相，显乎当世。而学最高，称儒宗者，莫如丁鸿、张酺及杨震、杨赐祖孙父子也。张、杨两氏，家世传经。张酺、杨赐先后帝师，胥足绳徽师门者焉。考之于史，丁鸿年十三，与九江人鲍骏同事桓荣，受欧阳《尚书》，三年而明章句，善论难，为都讲。经学至行，显宗甚贤之。诏征鸿至，即召见说《文侯之命》篇，赐御衣及绶，禀食公车，与博士同礼。肃宗诏鸿与广平王羡及诸儒太常楼望、少府成封、屯骑校尉桓郁、卫士贾逵等，论定五经同异于北宫白虎观，使五官中郎将魏应主承制问难,侍中淳于恭上,帝亲称制临决。鸿以才高,论难最明,诸儒称之,帝数嗟美焉。时人叹曰:"殿中无双丁孝公。"数受赏赐,累擢少府。门下由是益盛,远方至者数千人。彭城刘恺、北海巴茂、九江朱伥,皆至公卿。陈留陈弇叔明亦受欧阳《尚书》于鸿,仕为蕲长。而鸿累转司徒,行太尉。张酺祖父充,与世祖同门学,通《尚书》。酺传祖业,又事桓荣,勤力不怠,聚徒以百数。显宗为四姓小侯开学于南宫,置五经师,酺以《尚书》教授,数讲于御前,以论难当意,除为郎,赐车马衣裳,遂令入授皇太子。酺为人质直,守经义。每侍讲间隙,数有匡正之辞,以严见惮。及肃宗即位,擢侍中、虎贲中郎将。数月,出为东郡太守。自酺出后,帝每见诸王师傅,尝言:"张酺前入侍讲,屡有谏正,闿闿侧侧,有史鱼之节。"会东巡,幸东郡,引酺及门生并郡县掾吏会庭中,帝先备弟子之仪,使酺讲《尚书》一篇,然后修君臣之礼,赏赐殊特,莫不沾洽。累转太尉司空。子藩,曾孙济,亦世其学。杨震父宝,本习欧阳《尚书》,而震又受欧阳《尚书》于桓郁,明征博览,无不穷究,诸儒为之语曰:"关西夫子杨伯起。"仕至司徒。中子秉,字叔节,少传父业,兼明京氏《易》,博通书传。仕为任城相。桓帝即位,以明《尚书》征入劝讲,拜大中大夫、左中郎将,累转太尉。子即赐也,少传家学,笃志博闻,仕为侍中、越骑校尉。建宁初,灵帝当受学,诏太傅、三公选通《尚书》桓君章句宿有重名者,三公举赐,乃侍讲于华光殿。迁少府①、光禄勋,累转司徒。行辟雍礼,引赐为三老。又拜太尉,封临晋侯。初,赐荐张济明习典训,因与济及太尉刘宽并入侍讲,至是辞不宜独受封赏,愿分户邑宽、济。帝嘉叹,复封宽及济子。宽少学欧阳《尚书》、京氏《易》,尤明《韩诗外传》、星官、风隅、算历,皆究极师法,称为通儒,而以明《尚书》与赐同入侍讲。赐子彪,字文先,亦传家学。此桓氏门下生之传欧阳《尚书》最为高第者也。其他后汉经师之世传欧阳《尚书》者,曰乐安欧阳氏。自前汉

---

① 府,原作"师",据《后汉书·杨赐传》改。

欧阳生传伏生《尚书》,至歙,字王思,八世皆为博士。歙既传业,而恭谦好礼让。世祖即位,累仕迁汝南太守,在郡教授数百人。济阴曹曾,字伯山,从歙受《尚书》,门徒三千人,位至谏议大夫。而汝南高获,字敬公,少游学京师,与光武有旧,亦尝师事歙焉。歙子祉,河南尹,传父业教授。曰上党鲍氏。自前汉鲍宣受欧阳《尚书》于平当,传子永字君长,少有志操,能习欧阳《尚书》。世祖即位,累仕至兖州牧。子昱字文泉,少传父学,客授东平,累官太尉。子德,修志节,亦有名称,至大司农。凡此诸儒,皆授受有原,师承可考者。至师承不可考者,乐安牟长君高,少习欧阳《尚书》,不仕王莽。世祖即位,大司空宋弘特辟,拜博士,稍迁河内太守。诸生讲学者常有千余人,著录前后万人。著《尚书章句》四十五万余言,皆本之欧阳氏,俗号为《牟氏章句》。而敦煌张奂字然明者,常①受欧阳《尚书》于朱宠,养徒千人,著《尚书记难》三十余万言。顾以为《牟氏章句》浮辞繁②多,减为九万言。《后汉书·张奂传》章怀太子注:"时牟卿受《书》于张堪,为博士,故有《牟氏章句》。"不知何据。倘参观范《书》诸传,当知《牟氏章句》自指牟长所撰者耳。且牟卿之师系周堪,非张堪,而《张堪本传》亦不言。堪习欧阳《尚书》也。上书桓帝,奏其章句。诏下东观,与牟氏并。牟长子纡又以隐居教授,门生千人。此外又有颍川太守京兆宋登叔阳、太尉河内杜乔叔荣、处士豫章徐稺孺子、汝南太守南阳宗资叔都、处士汝南廖扶文起、侍中蜀郡董扶茂安,皆习欧阳《尚书》,教授数百千人。盖东汉《尚书》今文之学,罔有盛于欧阳氏者矣。其以大夏侯《尚书》教授,可考见者三人:曰辽东太守南阳宋京及子司隶校尉宋意伯意,曰太尉北海牟融子优,曰大司农济阴张驯子俊。以小夏侯《尚书》教授可考见者一人:曰大司徒司直东海王良仲子。以夏侯《尚书》相传而未详大小何所属者,曰广汉杨统仲通、杨厚仲桓父子。未若欧阳《尚书》传习之盛也。时亦有初习欧阳《尚书》而后受

---

① 常,按文意当作"尝"。
② 繁,原作"系",据《后汉书·张奂传》改。

古文者，曰谏议大夫南阳尹敏幼季，世祖初即位，上疏陈《洪范》消灾之术；曰大中大夫陈留杨伦仲理，史称"少为诸生，师事司徒丁鸿，习古文《尚书》"。然余考丁鸿习欧阳《尚书》于桓荣，具如所记，不闻其通古文。倘伦亦如尹敏之初习欧阳《尚书》，而后受古文者耶？古文《尚书》之专习者，曰汝南周防伟公。年十六，仕郡小吏。世祖巡狩汝南，召掾史试经，防尤能诵读，拜为守丞。防以未冠谒去，师事徐州刺史盖豫，受古文《尚书》。撰《尚书杂记》三十二篇，四十万言。累仕至陈留太守。又有鲁国孔僖仲和、孔昱元世者，安国后也。自安国以下，世传古文《尚书》。古文《尚书》之有孔氏，比之欧阳《尚书》之有欧阳氏矣。其他汝南周磐坚伯、蜀郡张楷公超、颍川刘陶子奇、济阴孙期仲彧①、中山刘佑伯祖，亦皆习古文《尚书》。而楷作《尚书注》，陶推三家《尚书》及古文，是正三百余事，名曰中古文《尚书》。然后汉之言古文《尚书》者，胥推扶风杜林伯山为继别之宗。方王莽之败，林则辟兵河西，得漆书古文《尚书》一卷，常宝爱之，虽遭艰困，握持不离身。既还三辅，世祖征拜侍御史，问以经书。京师士大夫咸推博洽。河南郑兴少赣、东海卫宏敬仲等，皆长于古学。兴尝师事刘歆，林既遇之，欣然言曰："林得兴等固谐矣。使宏得林，且有以益之。"及宏见林，阗然而服。济南徐巡，始师事宏，后皆更受林学。林出漆书以示宏等曰："林流离兵乱，常恐斯经将绝。何意东海卫子、济南徐生复能传之，是道竟不坠于地也。古文虽不合时务，然愿诸生无悔所学。"宏因为作训注。于是古文遂行。林同郡贾逵景伯，亦为作训，而逵之父曰徽者，受古文《尚书》于涂恽。逵传父业，能以大夏侯《尚书》教授。肃宗立，降意儒术，特好古文《尚书》、《左氏传》。建初元年，诏逵入讲北宫白虎观、南宫云台。逵数为帝言古文《尚书》与经传《尔雅》诂训相应。诏令撰欧阳、大小夏侯《尚书》古文同异。逵撰集为三卷，又为杜林传古文《尚书》作训。林同郡马融季长又为作传。北海郑玄康成先受古文《尚书》于东郡张恭祖，既乃西入关，因涿郡卢植子

---

① 彧，原作"或"，据《后汉书·儒林传》改。

干事马融,受杜林漆书古文,为作注解。卢植少与郑玄俱事马融,受古学,好研精,作《尚书章句》,其书皆不得,独马融注十一卷、郑玄注九卷著录《隋书·经籍志》。古文之得大显于世者,则马融、郑玄之力也。郑玄《书赞》云:"我先师棘下生子安国亦好此学。自世祖兴后汉,卫、贾、马二三君子之业,则疋材好博,既宣之矣。"《书赞》见《正义》。云"棘下生"者,棘下,地名也。《水经注》二十六卷引《郑志》曰:"张逸问《赞》云:'我先师棘下生,何时人?'郑答云:'齐田氏时善学者所会处也。齐人号之棘下生,无常人也。'"云"子安国"者,尊之为师,故子之也。又云:"欧阳氏失其本义。"则是郑玄者固渊原于孔安国氏,而又津逮夫杜林漆书者也。乃马融《书叙》云:"逸十六篇,绝无师说。"岂都尉朝、庸生等所传,但习其句读而不解其文谊欤?抑岂先有其说而后亡之欤?彼张楷之注,卫、贾之训,并止解二十九篇而不解十六篇欤?《书叙》亦见《正义》。厥后郑玄作注,可谓集诸儒之大成矣。其书分《盘庚》、《太誓》皆为三篇,分《顾命》"王若曰"以下为《康王之诰》,计三十四篇,合逸篇二十四,凡五十有八篇。然所注者三十四篇而已,岂二十四篇之谊未有闻于师,而不敢以己意说欤?陆德明《经典释文》首卷云:"马、郑所注,并伏生所诵,非古文也。"孔颖达《尚书正义》云:"郑注《尚书》篇数并与三家同。"是郑未注二十四篇也。抑岂残缺失次,不可读欤?既议郎陈留蔡邕伯喈以经籍去圣久远,文字多谬,俗儒穿凿,疑误后学,乃与光禄大夫杨赐等奏求正定六经文字。灵帝许之。邕乃自书册于碑,使工镌刻,立于太学门外。于是后儒晚学,咸取正焉。其《尚书》则今文欧阳、夏侯二家之所说也。据《尚书正义》孔颖达序。东海王朗景兴以通经师太尉杨赐,而赐则受欧阳《尚书》于桓焉者也。则王朗者,焉之再传弟子,而亦治欧阳《尚书》者矣。后为会稽太守,为孙策所俘。魏太祖辅汉政,征拜谏议大夫,参司空军事。魏国建,累转司徒。子肃,字子雍,累官中领军,加散骑常侍,以儒宗为名臣,撰《尚书注》十一卷、《尚书驳义》五卷,载《隋书·经籍志》。及高贵乡公讲《尚书》,荥①阳郑

---

① 荥,原作"荣",误。

冲文和以司空执经亲授,与侍中高密郑小同俱被赏赐。郑小同者,郑玄之孙也。则是高贵乡公者,当是治郑注古文《尚书》者矣。既幸太学,与博士论《尚书》,问三事。一事曰:"郑玄云:'稽古同天。言尧同于天也。'王肃云:'尧顺考古道而行之。'二义不同,何者为是?"博士庾峻对曰:"先儒所执,各有乖异,臣不足以定之。然《洪范》称'三人占,从二人'。贾、马及肃皆以为'顺考古道',以是言之,肃义为长。"帝曰:"仲尼言:'惟天为大,惟尧则之。'尧之大美,在乎则天。'顺考古道',非其至也。今发篇开义,以明圣德,而舍其大,更称其细,岂作者之意耶?"峻对曰:"臣奉师说,未喻大义。至于折中,裁之圣思。"此高贵乡公之申郑黜王也。然王肃之说与贾、马不违,盖肃善贾、马之说,而不好郑氏,非不通习古文者也。此以知魏以古文《尚书》立博士矣。吴国士大夫之通《尚书》者,独称琅邪诸葛瑾子瑜、广陵张纮子纲。纮治欧阳《尚书》,而瑾少游京师,治《毛诗》、《尚书》、《左氏春秋》,独《尚书》不详何家。然以《毛诗》、《左氏春秋》皆古文推之,当是古文《尚书》也。蜀士无得而称者焉。晋世秘府所藏,有古文《尚书》经文,后无传者。及永嘉之乱,今文欧阳、大小夏侯《尚书》并亡。济南伏生之传,惟刘向父子所传《尚书洪范五行传论》是其本法,而又父子乖戾。江左中兴,元帝时,豫章内史汝南梅赜仲真奏上古文《尚书》孔安国《传》。然考《汉书·艺文志》叙古文《尚书》,但称"安国献之,遭巫蛊事,未立于学官",而《儒林传》亦但称"孔安国以今文读之,因以起其家",不云安国作传。则是安国作传,已嫌羌无依据,而其书析伏生二十九篇为三十三,增益二十五篇,以傅合于刘向《别录》言"《尚书》五十八篇"之数,散百篇之叙,引冠篇端,而亡篇之叙,列次其间。其篇章之离合,篇目之存亡,绝与两汉所传不合,而立说多本王肃。赜自言:"古文《尚书》受之城阳臧曹,而曹受之城阳太守天水梁柳洪季,柳受之扶风苏愉休预,愉受之太保公郑冲。"授受渊原如此。然考郑冲在魏授《尚书》高贵乡公,而高贵乡公讲《尚书》太学,乃据郑注以难王谊,具如前载。然则冲所授高贵乡公者,当是郑氏《尚书》,何缘传自冲之古文《尚书》孔安国《传》而转本王谊立说者耶？后儒谥之曰伪，非苛诬也。安定皇甫谥士安，梁柳之从舅子也，亦受孔传之古文《尚书》，故作《帝王世纪》，往往载伪孔五十八篇之说。谥高名宿学，儒者宗之，既相赞述，遂翕①然信奉，以为孔氏古文于是复出。其书复阙《舜典》一篇。齐明帝时，吴姚方兴于大航头得其书奏上，比马、郑所注多二十八字，于是始列国学。然郑义兼行。梁、陈所讲，有孔、郑二家，北朝惟得郑义，至隋初，始行《孔传》。其为义疏者，有梁兼国子助教孔子祛撰《尚书义》二十卷、《集注尚书》二十卷，国子助教巢猗撰《尚书百释》三卷、《尚书义》三卷，国子助教费甝撰《尚书义疏》十卷，司徒蔡大宝撰《尚书义疏》三十卷，隋太学博士刘炫撰《尚书述义》二十卷、《尚书义疏》七卷，秘书学士顾彪撰《尚书义疏》二十卷、《尚书文外义》一卷，具载《隋书·经籍志》，皆据梅赜上伪孔安国传古文《尚书》也。隋太学博士刘焯亦为伪孔作疏，聪明博学，与刘炫齐名，时称二刘。刘焯，字士元，信都人。刘炫，字光伯，河间人。至唐孔颖达奉诏纂《五经义疏》，乃因梅赜之伪孔、焯、炫之义疏撰定《尚书正义》二十卷，序称："古文经虽然早出，晚始得行。其为正义者，蔡大宝、巢猗、费甝、顾彪、刘焯、刘炫等。其诸公旨趣，多或因循，帖释注文，义皆浅略，惟刘焯、刘炫最为详雅。然焯乃织综经文，穿凿孔穴，诡其新见，异彼前儒，非险而更为险，无义而更生义。窃以古人言诰，惟在达情，虽复时或取象，不必辞皆有意。若其言必托数，经悉对文，斯乃鼓怒浪于平流，震惊飙于静树，使教者烦而多惑，学者劳而少功。过犹不及，良为此者也。炫嫌焯之烦杂，就而删焉。虽复微稍省要，又好改张前义，义更太略，辞义过华，虽为文笔之善，乃非开奖之路。义既无义，文又非文，欲使后生若为领袖，此乃炫之所失，未为得也。"扬榷诸家，倪亦辞严予夺，具有裁断者也耶？惟颖达误以梅赜以上之书为壁中古文，而为之《正义》，反斥郑注《书序》之二十四篇为张霸伪

---

① 翕，原作"翁"，误。

造,而不知世所传百两篇者出张霸,载《汉书·儒林传》甚明,而非郑注《书序》之二十四篇。二十四篇者,合今文为五十七,并叙为五十八,与《汉书·艺文志》、刘向《别录》皆符,而合《九共》为一,则十六篇,又与《汉书·艺文志》相应,是实出于安国,自都尉朝以下,递有师承,信而有征者也。乃颖达云:"《艺文志》云:'孔安国者,孔子后也,悉得其书,以古文,又多十六篇。'即是伪《书》二十四篇也。"是直斥安国所得之壁中古文为伪书矣。夫梅氏之书,不知谁何妄人伪作以诬安国,为安国子孙者,当力辨其非,乃颖达竟信奉以为先祖之书而曲为回护,反斥其先祖之十六篇为伪,是不祖其祖而祖他人,安国何不幸而有此不肖之孽孙哉!由是梅赜之伪孔《传》行,而孔安国之古文《尚书》,马融之所传,郑玄之所注者,胥偕今文欧阳、大小夏侯以俱亡。夫《书》以道政事,儒者不能异说也。诸家聚讼,不外四端:曰今文古文,曰错简,曰《禹贡》山水,曰《洪范》畴数。汉儒发其端,而宋儒演其绪。然宋儒持论多与汉儒不同者,盖汉儒重师法,宋学尚独见;汉儒好附会,宋儒病师心也。《洪范》畴数之说,始西汉今文家,伏生《大传》以下逮京房、刘向诸人,以阴阳灾异附合《洪范》五事庶征之文,而宋儒又流为象数之学,惟图书同异之是辨,经义愈不能明。独泰州胡瑗翼之生于北宋盛时,学问最为笃实,撰《洪范口义》二卷,务在发明天人合一之旨,不尚新奇,如谓"天锡洪范"为锡自帝尧,不取神龟负文之瑞;谓五行次第为箕子所陈,不辨《洛书》本文之多寡;谓五福六极之应,通于四海,不当指一身而言。驳正梅《传》、孔《疏》,自抒心得。又详引《周官》之法,推演八政,以经注经,特为精确,其要皆归于建中出治,定皇极为九畴之本,辞虽平近,而深得圣人立训之要,远胜汉儒托圣经而演机祥也。惟瑗明天人合一之旨,立说尚本汉儒,而临川王安石介甫则直持天人不相与、天变不足畏之论,以破伏生、董仲舒、刘向言《洪范》五行灾异之蔽,撰《洪范传》一卷,以庶征所谓"若"者不当训顺,当训如,盖人君之五事,如天之雨炀寒燠风而已。安石说经好为新解,类如是矣。神宗初,安石以《尚书》入侍,遂与政,而子雱①元泽实嗣讲事,有旨为之说,成《新经尚书》十三卷以进,诏下其说太学颁焉。雱盖述其父之学,王氏三经义,此其一也。自是朝廷用王氏之说,进退多士。迨徽、钦之际,说经者宗焉。独眉山苏轼子瞻,撰《东坡书传》十三卷,多驳异其说。今王氏《新经尚书》不传,不能尽考二家同异。但就《东坡书传》而论,则轼究心经世之学,明于事势,又长于议论,于治乱兴亡,披抉明畅。其释《禹贡》三江,定为南江、中江、北江,本诸郑玄,远有端绪,惟未尝详审经文,考核水道,而附益以味别之说,遂以启后人之议。至于以羲、和旷职为贰于羿而忠于夏,则侯官林之奇拙斋宗之;以《康王之诰》服冕为非礼,引《左传》叔向之言为证,则建阳蔡沈九峰取之。《朱子语录》亦称其解《吕刑篇》以“王享国百年耄”作一句,“荒度作刑”作一句,甚合于理;后与蔡沈帖,虽有“苏氏失之简”之语,然《语录》又称“或问:‘诸家《书》解谁最好? 莫是东坡?’曰:‘然。’又问:‘但若失之太简?’曰:‘亦有只须如此解者。’”则又未尝以简为病。洛、闽诸儒以程子被轼讥诃之故,与轼水火,独于此书有取焉。盖宋儒之说《书》者,实推轼及林之奇最条畅云。之奇之持论,力排王氏《新经》,与苏轼同指。中绍兴二十一年进士第,累转校书郎。南渡以后,王氏《新经》之说已替,而朝廷欲令学者参用其说。之奇上言:“王氏三经,率为新法也。晋人以王、何清谈之罪,深于桀、纣。本朝靖康祸乱,考其端倪,王氏实负王、何之责。在孔、孟书,正所谓邪说诐行,淫辞之不可训者。”虽深文周内,未为实录。然之奇说《书》颇多新解,撰《尚书全解》四十卷,虽止《洛诰》,不为全解,而中以阳鸟为地名,三俊为常伯常任准人,皆未尝依傍前人。至其辨析异同,贯穿史事,覃思积悟,实卓然成一家言。吕祖谦之《书》学,即受诸之奇者也。龙游夏僎柯山虽不及之奇之门,然撰《尚书

---

① 王安石子雱,本书误为“雰”,改。

详①解》二十六卷，反复条畅，博采梅氏、伪孔、孔颖达、王安石、苏轼、林之奇及诸儒之说，深究详绎，使唐虞三代之大经大法，灿然明白，而其中取林之奇之说者，实十之六七，盖渊源在是矣。至金华吕祖谦伯恭初本受学于之奇，撰《东莱书说》十卷，先之《秦誓》、《费誓》者，欲自其流而上沂于唐、虞之际也。辞旨所发，不能不敷畅详至者，欲学者易于览习，而优游餍饫以蕲深造自得也。讫于《洛诰》而遂以绝笔者，盖之奇书以是终，而祖谦即以是始，所以终始师说，为《尚书》一家之学也。虽然，凡此诸儒，皆据梅赜伪孔《传》而莫适疑为伪者。疑之，自武夷吴棫才老始。其言曰："伏生传于既耄之时，而安国为隶古，又特定其所可知者，而一篇之中，一简之内，其不可知者盖不无矣。乃欲以是尽求作《书》之本意与夫本末先后之义，其亦可谓难矣。而安国所增多之书，今书目具在，皆文从字顺，非若伏生之书，屈曲聱牙，至有不可读者。夫四代之书，作者不一，乃至二人之手而遂定为二体乎？其亦难言矣。"撰《书裨传》十三卷，首卷举要，曰《总说》，曰《书序》，曰《君辨》，曰《臣辨》，曰《考异》，曰《诂训》，曰《差牙》，曰《孔传》，凡八篇。惟其书始出，未为世所深信，故新昌黄度文叔名辈虽视棫差后，吴棫，宣和六年第进士，绍兴中为太常丞，忤秦桧，出为泉州通判。而度绍兴间登进士，宁宗时为御史，劾宰相韩侂胄等。而撰《尚书说》七卷，其训诂仍以伪孔《传》为主。独朱子超然远览，亦疑孔《传》之伪而著其说于《语录》曰："某疑孔安国书是假书。比毛公书如此高简，大段争②事。汉儒训释文字，多是如此，有疑则阙，今此却尽释之。岂有千百前人说底话，收拾于灰烬屋壁中与口传之余，更无一字讹舛？理会不得。如此可疑也。兼小序皆可疑。《尧典》一篇，自说尧一代为治之次序，至让于舜方止，今却说是让舜后方作。《舜典》亦是见一代政事之终始，却说历试诸难，是为要受让时作也。至后诸篇皆然。况他先汉文

---

① 详，原作"辞"，误。
② 争，原作"省"，据《朱子语类》卷七十八改。

章,重厚有力量,今大序格致极轻,却疑是晋宋间文章。况孔书是东晋方出,前此诸儒皆不曾见,可疑之甚。"是其抉摘孔《传》,视械尤精确不磨者矣。顾朱子晚欲作《书传》,未及为,遂以属门人蔡沈。沈,字仲默,号九峰,建阳人,元定之子也。元定本名儒,尤精《洪范》之数,然未及论著,曰:"成吾书者沈也。"沈受父、师之托,沉潜反复者数十年,然后成《书集传》六卷、《洪范皇极内篇》五卷,发明先儒之所未及。其辨今古文曰:"按汉儒以伏生之书为今文,而谓安国之书为古文。以今考之,则今文多艰涩,而古文反平易。或者以为古文自伏生女子口授晁错时失之,则先秦古书所引之文,皆已如此,恐其未必然也。或者以为记录之实语难工,而润饰之雅词易好,故训诰誓命有难易之不同,此为近之。然伏生倍文暗诵,乃偏得其所难,而安国考定于科斗古书错乱磨灭之余,反专得其所易,则又有不可晓者。至于诸序之文,或颇与经不合,而安国之序,又绝不类西京文,亦皆可疑。独诸序之本不先经①,则赖安国之序而见。"可谓阐明师说,渊源有自者也。其论《洪范》数曰:"体天地之撰者,《易》之象。纪天地之撰者,《范》之数。数始于一奇,象成于二偶。奇者,数之所以立。偶者,数之所以行。故二四而八,八卦之象也。三三而九,九畴之数也。由是八八而又八八之,为四千九十六,而象备矣。九九而又九九之,为六千五百六十一,而数周矣。《易》更四圣而象已著,《范》锡神禹而数不传。"乃衍《洪范》九数为八十一章,而配以《月令》节气,欲以拟《易》,实本《易》家焦、京之术,特变《易》数为《洪范》以新耳目,盖开演《范》之一派者,实自沈始焉。惟朱子之说《尚书》,主于通所可通,而阙其所不可通,见于《语录》者不啻再三,而沈之撰《书集传》,于殷盘、周诰一一必求其解。自序称二典三谟经朱子点定,而究其实,所谓朱子点定者,亦不免有所窜易。故宋末兰溪金履祥仁山及元儒休宁陈栎定宇、鄱阳董鼎季亨,皆笃信朱子之学者,而履祥作《尚书表注》,栎作

---

① 经,原作"传",据朱熹《书临漳所刊四经后》改。

《书传折衷》，鼎作《书传纂注》，咸于沈《集传》断断有辞。其说《禹贡》，大率用衢州毛晃之说。盖晃撰《禹贡指南》四卷，其书大抵引《尔雅》、《周礼》、《汉志》、《水经注》、《九域志》诸书，而旁引他说以证古今山水之原委，颇为简明。虽生于南渡之后，僻处一隅，无由睹中原西北之古迹，一一统核其真，而援据考证，独不泥诸儒附会之说，故沈《集传》多用之，亦言《禹贡》山水者所当考证矣。然宋儒言《禹贡》山水者，莫详于休宁程大昌泰之，莫卓于义乌傅寅同叔。盖大昌喜谈地理之学，尝以吏部尚书兼经筵，进讲《禹贡》，阙文疑义，疏说甚详。是《禹贡》实为大昌专门之学。所著《雍录》及《北边备对》，皆刻意冥搜，考寻旧迹，而《禹贡论》六卷，证辨尤详，其中《前论》五卷，于江水、河水、淮水、汉水、济水、弱水、黑水，皆纠旧传之误。《后论》一卷，则专论河水、汴水之患，而殿以《山川地理图》二卷。惟禹迹大抵在中原，而大昌生当南渡，地非亲历，不能阙疑，以此为孝宗所斥。要其援据厘订，实为博洽，后世注《禹贡》者，终不能废其说也。至傅寅所撰之《禹贡说断》四卷，博引众说，断以己意，具有特解，不肯蹈集前人。其论《孟子》"决汝、汉，排淮、泗，而注之江"为古沟洫之法，尤为诸儒所未及，可谓卓然能自抒所见者，足与毛晃之《禹贡指南》、程大昌之《禹贡论》骖驾而三矣。特毛晃之《禹贡指南》见采于蔡沈《集传》，而程、傅二家则蔡氏采者少耳。宁宗之世，正蔡氏《集传》初出之时，而安福陈经显之撰《尚书详解》五十卷，独取古注疏，参以新意，与蔡氏颇有异同。虽援后世之事以证古经，或以驳杂为嫌，然赵歧注《孟子》，汉儒已有此例，于经之说《书》奚病？句栉字比，疏证详明，往往发先儒所未发，实足与林之奇、夏僎诸家相为羽翼，固无庸拘蔡氏之学，执一格以相绳也。蒲江魏了翁鹤山者，尝问业于蔡氏之同门建昌李燔敬子、赵州辅广汉卿[①]，而为朱子之再传弟子也，然仍笃信梅氏伪孔《传》之说，摘梅《传》、孔《疏》精要之说，标以目次，撰《尚书要义》十七

---

① 卿，原作"乡"，误。

卷,《序说》十卷,未免拘虚。然梅赜当东晋之初,去古未远,先儒旧
义,往往而存,注《尚书》者要于诸家为最古;而孔颖达《正义》诠释谨
严,不立同异,而原原本本,考证粲然,故《朱子语录》亦谓"《尚书》名
物典制,当看《疏》文"。然《尚书》文既聱牙,《注疏》又复浩汗,学者卒
业为艰,了翁汰其冗长,使后人不病于芜杂,而一切考证之实学,已精
华毕撷,是亦梅《传》、孔《疏》之功臣矣。宋儒疑梅传孔氏《古文》之非
真者,自吴棫、朱子、蔡沈始。既并伏生今文而疑之者,自赵汝谈始。
汝谈,字南塘,宋之宗室,撰《书说》三卷,中疑古文非真者五条,盖吴
棫、朱子、蔡沈之所尝疑,而未若汝谈之决也。然于伏生所传诸篇,亦
多所掊击觝排,倘亦变本加厉者耶? 然而勇于疑经,师心自用,未有
如金华王柏鲁斋之甚者也。盖柏勇于疑经之不已,抑又勇于改经。
撰《书疑》九卷,动以脱简为辞,臆为移补。其并《舜典》于《尧典》,删
除姚方兴所撰二十八字,合《益稷》于《皋陶谟》,此有孔颖达《正义》可
据者也。以《大禹谟》、《皋陶谟》为《夏书》,此有《左传》可据者也。以
《论语》"咨尔舜"二十二字,补"舜让于德弗嗣"之下,其为《尧典》本
文,抑或为他书所载,如《鬻子》述帝王遗语之类,已不可知;以《孟子》
"劳之来之"二十二字,补"敬敷五教在宽"之下,则《孟子》明作尧言,
柏乃以为舜语,已相矛盾,然亦尚有《论语①》、《孟子》可据也。至于
《尧典》、《皋陶谟》、《说命》、《武成》、《洪范》、《多士》、《多方》、《立
政》②八篇,则纯以意为易置,一概托之于错简,有割一两节者,有割
一两句者,何脱简若是之多,而所脱之简又若是之零星破碎,长短参
差,其简之长短广狭,字之行款疏密,茫无一定也? 考刘向以中古文
校欧阳、大小夏侯三家经文,《酒诰》脱简一,《召诰》脱简二。率简二
十五字者,脱亦二十五字;简二十二字者,脱亦二十二字。文字异者
七百有余,脱字数十,载《汉书·艺文志》。此实发见脱简之始。然向

---

① 语,原作"诚",误。
② 多方立政,原脱"方"、"立"二字,据《四库提要》"书疑"条补。

既校知脱简,自必一一改正,必不听其仍前错乱。又惟言《酒诰》脱简一,《召诰》脱简二",则其余并无脱简可知,亦非篇篇悉有颠倒。且"简二十五字者,脱二十五字;简二十二字者,脱二十二字",具有明文,则必无全脱一章一段之事。而此二十余字之中,亦必无简首恰得句首、简尾恰得句尾,无一句割裂不完之事也。而柏乃托脱简之说,师心自用,勇于改经若此。然宋儒解《书》之作,亦有不以师心为病,而以辑佚为功者。闽人黄伦彝文撰《尚书精义》五十卷,荟萃诸说,依经胪载,不加论断,间有同异,亦两存之。其所征引,自汉迄宋,亦极赅博。惟编次不以时代,每条皆首列钱塘张九成子韶之说,或者疑即袭九成所著《尚书详说》五十卷,而伪托黄氏。然九成《详说》之目,仅见《宋史·艺文志》,久经湮晦,即使果相沿袭,亦未尝不可借是书以传九成书也。他如杨氏绘、顾氏临、周氏范、李氏定、司马氏光、张氏沂、上官氏公裕、王氏日休、王氏当、黄氏君俞①、颜氏复、胡氏伸、王氏安石、王氏雱、张氏纲、孔氏武仲、孔氏文仲、陈氏鹏飞、孙氏觉、朱氏震、苏氏洵、吴氏孜、朱氏正大、苏氏子才等,当时著述,并已散佚,遗章剩句,犹得存什一于是编。体裁虽涉泛滥,而裒辑之勤,要亦不可尽没矣。然宋儒《尚书》诸家,最盛传者蔡沈。沈虽承吴棫、朱子之后,疑孔传古文之伪,然言性言心言学之语,宋人据以立教者,其端皆发自古文,故沈虽疑之,而不敢论定也。其分编今文古文,自元儒湖州赵孟頫子昂始。其置古文而专释今文,自崇仁吴澄草庐始。惟孟頫以书画名,后世罕知其通经者,乃能灼知古文《尚书》之伪,撰《书今古文集注》而序之曰:"《诗》、《书》、《礼》、《乐》、《春秋》皆经孔子删定笔削,后世尊之以为经。秦火之后,《乐》遂无复存。《诗》、《书》、《礼》、《春秋》,西汉以来,诸儒有意复古,殷勤收拾,而作伪者出焉。学者不察,尊伪为真,俾得并行以售其欺,《书》之古文是已。嗟夫,《书》之为书,二帝三王之道,于是乎在,不幸而至于亡。于不幸之中,

---

① 俞,原作"愈",据《尚书精义》卷三改。

幸而有存者,忍使伪乱其间耶?又幸而觉其伪,忍无述焉以明之,使
天下后世常受其欺耶?余故分今文古文而为之集注焉。嗟夫,可与
知者道,难与俗人言也。余恐是书之作,知之者寡而不知者之众也。
昔子云作《法言》,时无知者,曰:‘后世有子云,必爱之矣。’庸讵知今
之世,无与我同志者哉?"惜孟頫之书不传,而与孟頫同志者,时独有
一吴澄。澄赠别孟頫诗云:"识君维扬驿,玉色天人表。伏、梅千载
事,疑谳一夕①了"者也。因撰《书纂言》四卷,专释今文。自序谓"晋
世晚出之书,别见于后",然此四卷以外,实未释古文一篇也。考汉代
治《尚书》者,伏生今文传为大小夏侯、欧阳三家。孔安国古文别传都
尉朝、庸生、胡常,自为一派。是今文、古文本各为师说。澄专释今
文,尚为有合于古义,非王柏《书疑》举历代相传之古经,肆意刊削者
比。惟其颠倒错简,皆以意自为,则与王柏同讥,然要与孟頫不失为
元儒之铮铮者也。元仁宗延祐二年,议复贡举,定《尚书》义用蔡沈
《集传》。休宁陈栎定宇初作《书传折衷》,颇论蔡氏之失,迨法制既
定,乃改作《尚书集传纂疏》凡六卷,于蔡《传》有增补,无驳正,而驳正
蔡《传》之《尚书折衷》,乃佚不传。自序称"圣朝科举兴行,诸经、《四
书》,一是以朱子为宗。《书》宗蔡《传》,固亦宜然"云云。盖延祐设科
以后,功令如斯,故不敢有所出入也。然元制犹兼用梅《传》、孔《疏》,
故吉水王充耘与耕作《书义矜式》,主张题义须依功令,仍得本梅
《传》、孔《疏》立说,而不用蔡《传》也。充耘撰《读书管见》二卷,所说
与蔡《传》尤多异同,其中如谓《尧典》乃《舜典》之缘起,本为一篇,故
曰《虞书》;谓"九族既睦",既当训尽;谓"象以典刑",为各象其罪而加
之,非垂象之意;谓"同为逆河"以海潮逆入而得名,皆非故为异说者。
至彭螽、陈师凯则又于名物度数,蔡《传》所称引而未详者,一一博引
繁称,析其端委,然蔡《传》歧误之处,则不复纠正,盖如孔颖达诸经正
义,主于发挥注文,不主于攻驳注文也。独明太祖聪明首出,考验天

---

① 夕字原缺,据《吴文正集》卷二十五补。

象,知蔡《传》日月五星运行之说不合,诏征天下儒臣定正之,命翰林院学士刘三吾等总其事,书成,赐名《书传会选》,凡六卷。每传之下,系以经文及传音释,于字音、字义、字体辨之甚详。其传中用古人姓氏古书名目,必具出处,兼亦考证典故。于蔡《传》之合者存之,不预立意见以曲肆诋排;其不合者则改之,亦不坚持门户以巧为回护。计所纠正凡六十六条,中如《尧典》谓天左旋,日月五星违天而右旋;《高宗肜日》谓祖庚绎于高宗之庙;《西伯戡黎》谓是武王;《洛诰》"惟周公诞保文武受命惟七年"谓周公辅成王之七年,皆采诸家之说以弼蔡《传》之违,是洪武中尚不以蔡《传》为主。其专主蔡《传》,定为功令者,则始自明成祖时行在翰林院学士胡广等之奉敕撰《书传大全》。大旨本陈栎、陈师凯,主于发明蔡《传》。蔡《传》旧为六卷,《大全》分为十卷。自是蔡氏《传》成不刊之典,而梅氏《孔传》亦若存若亡矣。然明儒有灼知梅氏《孔传》之伪而驳之者,旌德梅鷟因宋吴棫、朱子及元吴澄之说,作《尚书考异》五卷、《尚书谱》五卷。《尚书谱》尚以空言诋斥,无所依据。如谓孔壁之十六篇出于孔安国所为,实以臆断之,别无确证。又谓东晋之二十五篇,出于皇甫谧所为,则但据孔颖达《疏》引《晋书》谧传"从其姑子外弟梁柳得古文"一语,其说亦在影响之间。独《尚书考异》谓孔安国序并增多之二十五篇,悉杂取传记中语以成文,则指摘皆有依据。又如谓瀍水出谷城县,《两汉志》并同,晋始省谷城入河北,而孔《传》乃云出河南北山;积石山在西南羌中,汉昭帝始元六年,始置金城郡,而孔《传》乃云积石山在金城西南,孔安国卒于汉武时,载在《史记》,则犹在司马迁以前,安得知此地名乎?其为依托,尤佐证显然。连江陈第季立作《尚书疏衍》四卷,乃笃信梅氏《孔传》,以朱子疑之为非;而于梅鷟《尚书考异》、《尚书谱》二[①]编诋排尤力,以为诪张为幻,过矣。然第学问淹博,所著《毛诗古音考》、《屈宋古音义》诸书,皆援据该洽,具有根柢。其作是书,虽其初不由

---

① 二,原作"三",据《四库提要》"尚书疏衍"条改。

训诂入,而实非师心臆断以空言说经者比。如论《舜典》五瑞、五玉、五器,谓不得以《周礼》释《虞书》,斥注疏家牵合之非,其理确不可易;论《武成》无错简,《洪范》非龟文,亦足破诸儒穿凿附会之说,正未可以拘泥古文排诋梅鷟一事少之矣。惟梅鷟之攻古文,搜采未周,考证尚疏,人多不信,其昌言排击,尽发症结者,则始于清儒太原阎若璩百诗。若璩年二十,读《尚书》,至古文二十五篇,即疑其伪。沉潜三十年,乃引经据古,撰《古文尚书疏证》①八卷,一一陈其矛盾之故。所列一百二十八条,其最精者谓:"《汉书·艺文志》言'鲁共王坏孔子宅,得古文《尚书》。孔安国以考二十九篇,得多十六篇',《楚元王传》亦云'《逸书》十六篇,天汉之后,孔安国献之',古文篇数之见于西汉者如此。而梅赜所上,乃增多二十五篇,此篇数之不合也。杜林、马、郑皆传古文者。据郑氏说,则增多者,《舜典》、《汩作》、《九共》、《大禹谟》、《益稷》、《五子之歌》、《胤②征》、《典宝》、《汤诰》、《咸有一德》、《伊训》、《肆命》、《原命》、《武成》、《旅獒》、《冏命》凡十六篇,而《九共》有九篇,故亦称二十四篇。今晚出《书》无《汩作》、《九共》、《典宝》等,此篇名之不合也。郑康成注《书序》,于《仲虺之诰》、《太甲》、《说命》、《微子之命》、《蔡仲之命》、《周官》、《君陈》、《毕命》、《君牙》皆注曰亡,而于《汩作》、《九共》、《典宝》、《肆命》等皆注曰逸。逸者,即孔壁书也。康成虽云'受《书》于张恭祖',然《书赞》称'我先师子安国亦好此学',则其渊源于安国明矣。今晚出《书》与郑名目互异,其果安国之旧耶? 古文传自安国,后惟康成所注者得其真。今文传自伏生,后惟蔡邕《石经》所勒者得其正。今晚出《书》'宅嵎夷',郑作'宅嵎铁';'昧谷',郑作'柳谷';'心腹肾肠',郑作'忧肾阳';'劓刵劅剕',郑作'膑宫劓割头庶剕',与真古文既不同矣。《石经》残碑遗字,见于洪适《隶释》者五百四十七字。以今孔书校之,不同者甚多。《碑》云:'高

---

① 《古文尚书疏证》,当作"《尚书古文疏证》"。
② 胤,原作"嗣",误。

宗之飨国百年'，与今《书》之'五十有九年'异。孔叙三宗，以年多少
为先后，碑以传叙为次，则与今文又不同。然后知晚出之《书》，盖不
古不今，非伏非孔，而欲别为一家之学者也。《书序》《益稷》本名《弃
稷》，马、郑、王三家本皆然，盖别是一篇，中多载后稷与契之言。扬子
云《法言·孝至篇》云：'言合稷、契之谓忠，谟合皋陶之谓嘉。'子云亲
见古文，故有此言。晚出《书》析《皋陶谟》之半为《益稷》，则稷与契初
无一言，子云岂凿空者耶？班孟坚言：'司马迁从安国问故①。故《尧
典》、《禹贡》、《洪范》、《微子》、《金滕》诸篇多古文说。'许慎《说文解
字》亦云：'其称《书》孔氏。'今以《史记》、《说文》与晚出《书》相校，又
甚不合。安国注《论语》'予小子履'，以为《墨子》引《汤誓》，其辞若
此，不云'此出《汤诰》'，亦不云'与《汤诰》小异'。然则'予小子履'云
云，非真古文《汤诰》，盖断断也。其注'虽有周亲，不如仁人'句，于
《论语》则云'亲而不贤不忠，则诛之，管、蔡是也。仁人谓箕子、微子，
来则用之'。于《尚书》则云'周，至也。言纣至亲虽多，不如周家之多
仁人'，其诠释相悬绝如此，岂一人之手笔乎？《传》义多与王肃注合，
乃孔窃王，非先有孔说而王取之也。汉儒说六宗者，人人各异。王肃
对魏明帝，乃取《家语》'孔子曰所宗者六'之语，肃以前未闻也，而伪
《传》已有之，非孔窃王而何？"可谓信而有征矣。惟若璩谓马、郑注本
亡于永嘉之乱，则殊不然。考二家之注，《隋书·艺文志》尚皆著目，
称"所传惟二十九篇"，盖去其无师说者十六篇，止得二十九篇，与伏
生数合，非别有一本注孔氏书也。若璩误以郑逸者即为所注之逸篇，
不免千虑之一失。又《史记》、《汉书》但有安国上古文《尚书》之说，并
无受诏作传之事，此伪本凿空之显证，亦辨伪本至要之肯綮，乃置而
未言，亦稍疏略。然反复厘剔，以祛千古之大疑。萧山毛奇龄大可好
为驳辩，乃作《古文尚书冤词》八卷，百计以抵若璩之罅，然终不能以
强辞夺正理，则有据之言先立于不可败也。元和惠栋定宇遂因若璩

①　故，原作"政"，据《汉书·儒林传》改。

之说，续加考证，成《古文尚书考》二卷，以益阐明郑玄二十四篇之即
孔壁真古文焉。然刊正经文，疏明古注，栋犹未之逮也。由是嘉定王
鸣盛西庄搜罗郑注，益以马、王传疏，以注二十九篇，又作案以释郑
义，于马、王传疏之与郑异者，则条析其非，折衷郑氏，成《尚书后案》
三十卷。吴县江声艮庭又广集汉儒之说以注二十九篇，汉注不备，则
旁考他书，精研故训，成《尚书集注音疏》十二卷，皆因惠栋之说，鸣盛
尝问学于栋，而声则栋之弟子也。而以郑学为宗，证以许慎《说文》，辅以
马融《传》谊，取伪孔之《传》，辞而辟之，黜其赝而存其真，古文《尚书》
之学乃焕焉重光。其后金坛段玉裁懋堂撰《古文尚书撰异》三十二
卷，阳湖孙星衍渊如撰《尚书今古文注疏》三十卷，武进刘逢禄申受撰
《尚书今古文集解》三十卷，则又间缉今文与古文异同。其中段玉裁
于司马迁《史记》之异马、郑者，皆摈①为今文说，斥今文不如古文。
独孙星衍持平于西汉今古文，而知伏生今文《书大传》说之胜于马、郑
古文，然于今文欧阳、大小夏侯之学，三家师说之异同者，又不暇致详
也。邵阳魏源默深乃撰《书古微》十二卷，以发明西汉《尚书》今文之
微言大义，而辟东汉马、郑古文之凿空无师传，曰："治《尚书》者知东
晋梅赜之伪，以返于马、郑古文本，此齐一变至鲁也。知马、郑古文说
之臆造无师授，以返于西汉伏生、欧阳、夏侯及孔安国问故②之学，此
鲁一变至道也。"侯官陈乔枞朴园又益采摭经史传注及诸子百家之
说，成《欧阳夏侯经说考》一卷、《今文尚书叙录》一卷、《今文尚书经说
考》三十三卷，实事以求是，必溯师承，沿流以讨源，务随家法，而参详
考校，则亦有取于马、郑之传注，为之旁证引伸。于是今文《尚书》之
学，亦以兴废继绝。惟清季善化皮锡瑞鹿门撰《书经通论》，谓"马、郑
古文与今文驳异，当与伪孔同一不可信"者，则与魏源同其趣，而与乔
枞有取马、郑之旨微乖矣。斯亦今文学者之后劲也。其他治《禹贡》

---

① 摈，原作"挤"，误。
② 故，原作"政"，据《书古微》卷首《例言上》改。

者，于清儒当推德清胡渭朏明，因尝与阎若璩共修《一统志》，得纵观天下郡国之书，而渭素习《禹贡》，谓唐孔氏、宋蔡氏于地理多疏舛，如三江当主郑康成"左合汉为北江，右合彭蠡为南江，岷江居其中，则为中江"之说；"浮于淮、泗，达于河"，"河"当从《说文》作"菏"；"荥①、波既潴"，当从郑康成本作"播"；梁州之黑水，与导川之黑水，不可溷而为一，乃博稽载籍及古今经解，考其同异而折衷之。依经为训，章别句从，名曰《禹贡锥指》，凡二十卷，为图四十七篇，于九州山川形势及古今郡国分合异同、道里远近夷险，犁然若聚米而画沙也。汉唐以来，河道迁徙，虽非《禹贡》之旧，要为国计民生所系，故于《导河》一章备考历代决溢改流之迹而表以图。盖宋以来，傅寅、程大昌、毛晃而下，注《禹贡》者数十家，精核典赡，此为冠矣。当涂徐文靖位山撰《禹贡会笺》十二卷，又因渭所已言而更推寻所未至，博据诸书，断以己意，较之渭书，益为精密，盖继事者易为功也。渭又撰《洪范正论》五卷，大旨以禹之治水，本于九畴，故首言"鲧堙洪水"，继言"禹乃嗣兴"，终言"天乃锡禹"，则《洪范》为体而《禹贡》为用，互为推阐，厥义乃彰。然主于发明奉若天道之理，而不为汉儒之阴阳灾异、宋儒之象数图书。其辨证前人之说，如谓："汉人专取灾祥，推衍五行，穿凿附会，事同谶②纬。其病一。《洛书》本文，即'五行''五事'至'五福''六极'二十字，惟'敬用''农用'等十八字，乃为禹所加，与危微精一之心法同旨。初一初二至次九，不过是次第名目，亦非龟文所有。龟之有文，如木石之文理，有可推辨，又如鲁夫人、公子友有文在手之类。宋儒创为黑白之点，方圆之体，九十之位，变书而为图，以至九数十数，刘牧、蔡季通纷纭更定。其病二。又《洪范》原无错简，而宋儒王柏等任意改窜。其病三。"皆切中旧说之失。盖渭经术湛深，学有根柢，故所论一轨于理，而于汉儒附会之谈，宋儒变化之论，咸能一扫

---

① 荥，原作"荣"，据《尚书·禹贡》改。
② 谶，原作"纤"，据《四库提要》"洪范正论"条改。

而廓除之也。宝应成孺芙卿撰《禹贡班义述》二卷①。盖《汉书·地理志》言"推表山川",本释《禹贡》,两汉经师遗说,多存其中。孺据以释本经,最得家法,援据精博,专门之学也。又以《班义述》详于考古,乃复拟撰《禹贡今地释》一书,首取今地释汉地,更取汉地证禹迹,期补前书之未备,而惜未成书也。殷虚甲骨者,逊清光绪戊戌己亥间,河南安阳县西北五里之小屯,洹水厓岸,为水啮而崩,得龟甲牛骨,镌古文字,所记皆殷先王室所卜祭祀、征伐、行幸、田猎之事,故殷先公先王及土地之名,所见甚众。上虞罗振玉叔言撰《殷虚书契考释》,兼及书契中所见之人名、地名及制度、典礼,审释殷帝王名号。海宁王国维静安缵成其业,成《殷卜辞中所见先公先王考》、《续考》及《殷周制度论》各一卷。其尤得意者,商自成汤以前,绝无事实,《史记·殷本纪》惟据《世本》纪其世次,而国维于甲骨中发见王亥、王恒之名及上甲以下六代之世系,以甲骨文证补《尚书》,而治《尚书》者辟一新途径,为好事者之所诵说云。纂《尚书志》第三。

---

① 《班义述》三卷,附一卷。

诗 志 第 四

诗者,所以导达性灵,歌咏情志者也。在心为志,发言为诗,故哀乐之心感而歌咏之声发。诵其言谓之诗,咏其声谓之歌。故古有采诗之官,王者所以观风俗,知得失,自考正也。夏、殷以上,诗多不存。姬周始自后稷,而公刘克笃前烈,太王肇基王迹,文王光昭前绪,武王克平殷乱,成王、周公化至太平,诵美盛德,踵武相继。幽、厉板荡,怨刺并兴。其后王泽竭而诗亡。鲁太师挚次而录之,得三千余篇。及至孔子,去其重,取可施于礼义,上采商,下取鲁,凡三百五篇。曰:"《诗》三百,一言以蔽之,曰思无邪。"诗者,持也,持人情性。《关雎》之乱,以为《风》始;《鹿鸣》为《小雅》始;《文王》为《大雅》始;《清庙》为《颂》始。风者,圣贤治道之遗化;雅,以为后世法;颂,诵德广以美之。三者诗之体也。《风》有《周南》、《召南》,有《邶风》、《鄘风》、《卫风》、《王风》、《郑风》、《齐风》、《魏风》、《唐风》、《秦风》、《陈风》、《桧风》、《曹风》、《豳风》。旧说二南者正风,十三国者变风也。上以风化下,下以风刺上。主文而谲谏,言之者无罪,闻之者足戒,故曰风。至于王道衰,礼义废,政教失,国异政,家殊俗,而变风、变雅作矣。国史明乎得失之迹,伤人伦之废,哀刑政之苛,吟咏性情以风其上,达于事变而怀其旧俗者也。故变风发乎情,止乎礼义。发乎情,民之性也;止乎礼义,先王之泽也。是以一国之事,系一人之本,谓之风。言天下之事,形四方之风,谓之雅。雅者,正也,正言其事,言王政之所由废兴,而与风之主文谲谏者殊科也。政有大小,故有《小雅》焉,有《大雅》焉。《颂》有《周颂》,有《鲁颂》,有《商颂》。颂者,美盛德之形容,以其成功告于神明者也。是谓四始,《诗》之至也。作诗之法,叙物以

57

言情谓之赋，情尽物者也。索物以托情谓之比，情附物者也。触物以起情谓之兴，物动情者也。赋、比、兴三者与风、雅、颂并称为六义。先王以是敬夫妇，成孝敬，厚人伦，美教化，移风俗。不离日用间，有福天下万世之意，《周南》也。至诚淳恪，秋毫不犯，《召南》也。君子处变，渊静自守，《邶风》也。翩翩有侠气，《齐风》也。忧思深远，《唐风》也。秋声朝气，《秦风》也。深知民情而直体之，《豳风》也。忠厚之至，《小雅》也。振刷精神，宣王《小雅》也。深远，《大雅》也。铺张事业，宣王《大雅》也。天心布声，《周颂》也。谨守礼法，《鲁颂》也。天威大声，《商颂》也。孔子皆弦歌之，以求合韶、武、雅、颂之音，诏群弟子曰："不学诗，无以言。""小子何莫学夫诗？"卜商子夏问曰："巧笑倩兮，美目盼兮，素以为绚兮。何谓也？"子曰："绘事后素。"曰："礼后乎？"孔子曰："商也始可与言《诗》已矣。"孔子删《诗》授卜商，商乃隐括诗人本旨，为三百十一篇作序，《史记·孔子世家》云："《诗》三百五篇，孔子皆弦歌之。"此不数六笙诗也。子夏作序时，六笙诗犹存。授鲁人曾申子西，申授魏人李克，克授鲁人孟仲子，孟仲子授根牟子，根牟子授赵人荀卿名况，年五十，始游学于齐。齐襄王时，荀卿最为老师，善为《诗》、《礼》、《易》、《春秋》，而以《诗》传鲁人毛亨、齐人浮丘伯。鲁人申培公少时尝与国人穆生、白生及楚人刘交俱学《诗》于浮丘伯。交，字游，汉高祖同父少弟也。及秦焚书，各别去。汉兴，交为楚元王。而高祖过鲁，申公以弟子从浮丘伯入见于鲁南宫。吕太后时，浮丘伯在长安。元王遣子郢客与申公俱卒学。申公始为《诗传》，号《鲁诗》，而元王亦撰次《诗传》，号曰《元王诗》，世或有之。元王薨，郢客嗣立为楚王，令申公傅太子戊。戊不好学，病申公。及戊立为王，胥靡申公。申公愧之，归鲁，退居家教，终身不出门。弟子自远方至受业者千余人，而弟子为博士、二千石者十余人，居官皆有称。其学官弟子行虽不备而至于大夫、郎、掌故以百数。鲁孔安国传古文《尚书》，然亦受《诗》申公，称高第弟子。申公独以《诗经》为训故以教，亡文，而有《鲁故》二十五卷，《鲁说》二十八卷，见《汉书·艺文志》，盖弟子传录之口义也。疑者则阙勿传。兰陵王臧既从受《诗》，已通，事景帝为太子少傅，免去。武帝初即位，臧乃上书宿卫，累迁，一岁至郎中令。及代赵绾亦尝受《诗》申公，为御史大夫。绾、臧请立明堂以朝诸侯，不能就其事，乃言师申公。于是上使使束帛加璧，安车以蒲裹轮，驾驷迎申公，弟子二人乘轺车从。至，见上，上问治乱之事。申公时已八十余，老，对曰："为治者不在多言，顾力行何如耳。"是时上方好文辞，见申公对，默然。然已招致，即以为大中大夫，舍鲁邸，议明堂事。太皇窦太后喜老子言，不悦儒术，得绾、臧之过，以让上，因废明堂事。下绾、臧吏，皆自杀。申公亦病免归。申公卒以《诗》、《春秋》授，而瑕丘江公尽能传之，徒众最盛。及鲁许生、免中徐公，皆守学教授。鲁国韦贤长孺治《诗》，事博士大江公大江公即瑕丘江公，以异下博士江公，故称大。及许生，兼通《礼》、《尚书》，以《诗》教授，号称邹鲁大儒，征为博士，给事中，进授昭帝《诗》，稍迁光禄大夫詹事。至宣帝世，以先帝师，甚见尊重，官丞相。传子玄成少翁。于元帝时，以太常受诏，与太子太傅萧望之及五经诸儒杂论同异于石渠阁，复以明经历位至丞相。故邹鲁谚曰："遗子黄金满①籯，不如一经。"盖为玄成父子言之也。玄成兄子赏，以《诗》授哀帝，至大司马、车骑将军。由是《鲁诗》有韦氏学。东平王式翁思者，事免中徐公及许生，受《诗》，为昌邑王师。昭帝崩，昌邑王嗣立，以行淫乱废，昌邑群臣皆下狱诛，惟中尉王吉、郎中令龚遂以数谏减死论。式系狱当死，治事使者责问曰："师何以亡谏书？"对曰："臣以《诗》三百五篇朝夕授王，至于忠臣孝子之篇，未尝不为王反复诵之也；至于危亡失道之君，未尝不流涕为王深陈之也。臣以三百五篇谏，是以亡谏书。"使者以闻，亦得减死论。归家不教授。沛郡薛广德长卿、山阳张长安幼君②先事式，后东平唐长宾、沛褚少孙亦来事式。问经数篇，式谢曰："闻之于师具是矣，自润色

---

① 满，原作"蒲"，据《汉书·韦贤传》改。
② 君字原脱，据《汉书·儒林传》补。

之。"不肯复授。唐生、褚生应博士弟子选,诣博士,抠衣登堂,颂礼甚严,试诵说,有法,疑者丘盖不言。诸博士惊问何师,对曰:"事式。"皆素闻其贤,共荐式。诏除下为博士。式征来,衣博士衣而不冠,曰:"刑余之人,何宜复充礼官!"既至,止舍中。会诸大夫、博士共持酒肉劳式,皆注意高仰之。博士江公世为《鲁诗》宗,至江公著《孝经说》,心嫉式,谓歌吹诸生曰:"歌《骊驹》。"《骊驹》者,逸《诗》篇名,客欲去歌之者也。于是式言曰:"闻之于师,客歌《骊驹》,主人歌《客毋庸归》。今日诸君为主人,日尚早,未可也。"江翁曰:"经何所言之?"式曰:"在《曲礼》。"江翁曰:"何狗曲也。"式耻之,阳醉逿坠①。式客罢,让诸生曰:"我本不欲来,诸生强劝我,竟为竖子所辱。"遂谢病免归,终于家。弟子薛广德,温雅有蕴藉,以《鲁诗》教授。楚国龚胜君宾、龚舍君倩师事焉。萧望之为御史大夫,除广德为属,数与议论,器之,荐广德经行宜充本朝,为博士,论石渠,迁御史大夫。而张生、唐生、褚生皆为博士。张生论石渠,至淮阳中尉。唐生,楚太傅。由是《鲁诗》有张、唐、褚氏之学。张生兄子游卿,为谏大夫,以《诗》授元帝。其门人王扶为泗水中尉。陈留许晏,字伟君,初受《鲁诗》于王扶,改学曰《许氏章句》,儒林谚曰:"殿上成群许伟君。"由是张家有许氏学,此又《鲁诗》之支与流②裔也。《齐诗》始于齐人辕固,固作《诗内外传》。孝景时,以治《诗》为博士,与黄生争论于上前。黄生曰:"汤、武非受命,乃杀也。"固曰:"不然。夫桀、纣荒乱,天下之心皆归汤、武,因天下之心而诛桀、纣,桀、纣之民弗为使而归汤、武,汤、武不得已而立,非受命为何?"黄生曰:"冠虽敝,必加首。履虽新,必贯足。何者?上下之分也。今桀、纣虽失道,然君上也;汤、武虽圣,臣下也。夫主有失行,臣不正言匡过以尊天子,反因过而诛之,代立南面,非杀而何?"固曰:"必若云,是高皇帝代秦即天子之位,非耶?"于是上曰:"食

---

① 坠,当作"隆",即"地"之古字。
② 与流,原作"流与",据《汉书·艺文志》改。

肉毋食马肝,未为不知味也;言学者毋言汤、武受命,不为愚。"遂罢。
窦太后好《老子》书,召问固,固曰:"此家人言耳。"太后怒曰:"安得司
空城旦书乎?"道家以儒、法为急,比之于律令也。乃使固入圈击彘。上知
太后怒,而固言直,无辜①,乃假固利兵。下圈②刺彘,正中其心,彘应
手而倒。太后无如何。后上以固廉直,拜为清河太傅,疾免。武帝初
即位,复以贤良征。诸儒多嫉毁曰:"固老!"罢归之。时固已九十余
矣。菑川公孙弘,固弟子也,亦征,仄目视固。固曰:"公孙子,务正学
以言,无曲学以阿世。"诸齐以《诗》显贵,皆固之弟子也。鲁人夏侯始
昌最能传固学。始昌亦事公孙弘,以《齐诗》、《尚书》教授。自董仲
舒、韩婴死后,武帝得始昌,甚重之。时昌邑王以少子爱,为选师,始
昌为太傅。后苍,字近君,东海人也。事夏侯始昌。始昌通五经,苍
亦通《诗》、《礼》,而《诗》有《齐后氏故》二十卷、《齐后氏传》三十九卷,
见《汉书·艺文志》。为博士,至少府。授学同郡翼奉少君、萧望之长
倩、匡衡稚珪,三人经术皆明。衡为后进,望之施之政事,而奉惇学不
仕,好律历阴阳之占。元帝初即位,诸儒荐之,征待诏宦者署,言事数
验。宴见,天子敬焉。自称于天子曰:"臣闻之师曰:天地设位,悬日
月,布星辰,分阴阳③,定四时,列五行,以视圣人,名之曰道。圣人见
道,然后知王治之象,故画州土,建君臣,立律历,陈成败,以视贤者,
名之曰经。贤者见经,然后知人道之务,则《诗》、《书》、《易》、《春秋》、
《礼》、《乐》是也。《易》有阴阳,《诗》有五际,《诗内传》曰:"五际,卯、酉、
午、戌、亥也。阴阳终始际会之岁,于此则有变改之政也。"《春秋》有灾异,皆
列终始,推得失,考天心,以言王道之安危。至秦乃不悦,伤之以法,
是以大道不通,至于灭亡。今陛下圣明,深怀要道,烛临万方。臣奉
窃学《齐诗》,闻五际之要《十月之交》篇,知日蚀、地震之效昭然可明,
犹巢居知风,穴处知雨,亦不足多,适所习耳。"以郎中为博士、谏议大

---

① 辜,原作"辜"。《汉书·儒林传》作"辜",即"罪"之古字,据改。
② 圈,原作"固"。据《西汉年纪》卷九改。
③ 阳,原作"作",据《汉书·翼奉传》改。

夫。由是《齐诗》有翼氏学,最为后苍高第弟子者也。萧望之好学,治《齐诗》,事后苍且十年,以令诣太常受业,复事同学博士白奇,又从始昌族子夏侯胜问《论语》、《礼服》。京师诸儒称述焉。宣帝闻望之名,拜为谒者,累迁至二千石,寖益任用。以言事见罪,遂见废,不得相。为太子太傅,以《论语》、《礼服》授皇太子,即元帝也。寻拜前将军,受遗诏辅政,领尚书事。匡衡于望之为后生,然好学,尤精力过绝人。诸儒为之语曰:"无说《诗》,匡鼎来。匡说《诗》,解人颐。"衡射策甲科,除为太常掌故,调补平原文学。学者多上书荐衡经明,当世少双,今为文学就官,京师后进皆欲从衡平原,衡不宜在远方。事下太子太傅萧望之、少府梁丘贺问,衡对《诗》诸大义,其对深美。望之奏衡经学精习,说有师道,可观览。宣帝不甚用儒,遣衡归官。而皇太子见衡对,私善之。元帝即位,以为郎中,迁博士,给事中,为太子少傅。数上疏陈便宜,及朝廷有政议,傅经以对,言多法义。遂拜丞相,封乐安侯。子咸,亦明经,历位九卿。家世多为博士者。由是《齐诗》有匡衡之学。衡授琅玡师丹公仲、伏理斿君、颍川满昌君都。君都为詹事,授九江张邯、琅玡皮容,皆至大官,徒众极盛。理以《诗》授成帝,为高密太傅,家世传业。而丹为哀帝大司空,以言事不合上意,策免。尚书令唐林上疏为讼直,言:"丹经为世儒宗,德为国黄耇。"尤为有名。由是《齐诗》有师丹、伏理之学。长安班伯少受《诗》于师丹,以妹为成帝倢伃。帝舅大将军王凤荐伯宜劝学,召见晏昵殿,容貌甚丽,诵说有法,拜为中常侍。时上方乡学,平陵郑宽中少君、河内张禹子文,朝夕入说《尚书》、《论语》于金华殿中。诏伯受焉,即通大义,又讲异同于长安许商长伯,累官侍中、光禄大夫。禁中设宴饮之会,伯言:"《诗》、《书》淫乱之戒,其原皆在于酒。"上乃喟然叹曰:"吾久不见班生,今日复闻谠言。"遂罢酒。此《齐诗》之学也。《韩诗》出自燕人韩婴。婴推诗人之意,而作《内外传》数万言,其语颇与齐、鲁间殊,然指归则一。有《韩内传》四卷、《韩外传》六卷、《韩故》三十六卷、《韩说》四十一卷,见《汉书·艺文志》。只存《外传》,析十篇,其及经盖寡,而遗说往往见于他书，不知果韩生原书否也。燕、赵间言《诗》者由韩生。韩生，孝文时为博士，景帝时至常山太傅，亦以《易》授人，推《易》意而为之传。燕、赵间好《诗》，故其《易》微，唯韩氏自传之。武帝时，婴尝与董仲舒论于上前，其人精悍，处事分明，仲舒不能难也。后其孙商为博士。孝宣时涿郡韩生，其后也，以《易》征，待诏殿中，曰："所受《易》，即先太傅所传也。尝受《韩诗》，不如韩氏《易》深，太傅故专传之。"司隶校尉盖宽饶本受《易》于东海孟喜，见涿韩生说《易》而好之，即更从受焉。顾韩生之《易》卒不传。韩生之《诗》，授之淮南贲生、河内赵子，而赵子以授同郡蔡谊。谊以明经给事大将军卫青幕府。昭帝时，诏求能为《韩诗》者，征谊待诏，久不进见。谊上疏曰："臣山东草莱之人，行能亡所比，容貌不及众，然而不弃人伦者，窃以臣闻道于先师，自托于经术也。愿赐清闲之燕，得尽精思于前。"上召见谊说《诗》，甚悦，擢为光禄大夫，给事中，进授昭帝。数岁，累拜丞相，封阳平侯，传其学于同郡食子公与琅玡王吉子阳。吉为昌邑王中尉，而王好游猎，驱驰国中，动作无节。吉引《诗》上疏谏争，甚得辅弼之义，虽不治民，国中莫不敬重焉。昌邑王败，吉以罪废。宣帝时，征起为博士、谏大夫。而食子公亦为博士，授泰山栗丰。吉授淄川长孙顺。顺为博士，丰部刺史。而顺授东海髪福，丰授山阳张就，皆至大官，徒众尤盛。由是《韩诗》有王、食、长孙之学。《韩诗》与《齐诗》、《鲁诗》三家并立学官，置博士，然齐辕固、燕韩生之师说莫详，其为《传》，或取《春秋》，采杂说，咸非其本义。与不得已，而儒者以为鲁最为近。何者？鲁申公之学，传自荀卿，而溯之子夏，于三家为有据也。鲁国毛亨亦受学荀卿，以《毛诗》别自名家，自谓子夏所传。惟子夏序《诗》，篇义各编，遭战国至秦而《南陔》六诗亡。亨乃引序，各冠篇首，作《故训传》三十卷，多记古文，倍详前典，或引申，或假借，或互训，或通释，或文生上下而亡害，或辞用顺逆而不违，要明乎世次得失之迹，而吟咏情性，有以合乎诗人之本旨。故曰："读《诗》不读《序》，无本之教也。读《诗》与《序》而不读《故训传》，失守之学也。"文简而义赡，语正而道精，以授赵国毛苌。时人谓亨为大毛公，苌为小毛公。二毛公《诗》用古文，鲁、齐、韩三家则用今文。《汉书·艺文志》载《诗经》二十八卷，鲁、齐、韩三家，《毛诗》二十九卷。是经文惟《毛诗》为别本，而鲁、齐、韩三家经则同一本，盖今古文殊也。惟序用子夏，则三家与《毛诗》同。观蔡邕本治《鲁诗》，而所作《独断》载《鲁颂》三十一篇之序二句，与毛序文有详略，而大旨略同。《唐书·艺文志》称《韩诗》卜商序，韩婴注，二十二卷，是《韩诗》亦有序，其序亦称出子夏矣。顾《毛诗》不得置博士，与三家并。独河间献王修学好古，于国中立毛氏《诗》博士，以毛苌为之。苌授同国贯长卿。长卿授齐人解延年。延年为阿武令，授號徐敖。世之言《毛诗》者本之徐敖。敖授九江陈侠，而侠于平帝之世，公车征说《诗》，自是《毛诗》始得列于汉廷，为置博士焉。王莽篡汉位，以陈侠为讲学大夫，授《诗》九江谢曼卿，为《诗训》。既光武中兴，立五经博士，《易》施、孟、梁丘，《书》欧阳、夏侯，《礼》大小戴，《春秋》严、颜，皆用今文，独《诗》齐、鲁、韩、毛今古文并立。顾炎武言："《后汉书·儒林传》'《诗》齐、鲁、韩、毛'，'毛'字为衍文。"然《毛诗》初不大显。于时《鲁诗》世家称平原高诩季回。自其曾祖父嘉以《鲁诗》授元帝，仕上谷太守。父容，少传嘉学，哀、平间为光禄大夫。诩以父任为郎中，世传《鲁诗》，以信行清操知名。王莽篡位，父子称盲，逃，不仕莽世。光武即位，再征为博士，寻拜大司农，在朝以方正称。而《齐诗》世家称琅玡伏湛惠公，其九世祖胜传《尚书》，所谓济南伏生者也。自父理学《诗》匡衡，别自名学，传业于湛，教授数百人。成帝时，以父任为博士弟子。王莽败，仓猝兵起，天下惊扰，而湛独晏然，不废教授。光武即位，知湛名儒旧臣，才堪宰相，征拜尚书，再迁大司徒，封阳都侯。弟黯字稚文，以明《齐诗》，改定章句，作《解说》九篇，位至光禄勋。黯子恭，字叔齐，太常试经第一，拜博士，迁常山太守，敦修学校，教授不辍。由是北州多为伏氏学。明帝时，天子临辟雍，于行礼中拜恭为司空，儒者以为荣。初，父黯章句繁多，恭乃省减浮辞，定为二十万言。既肃宗行飨礼，遂拜恭为三老，于《诗》学最为儒宗也。《韩诗》世家称淮阳薛汉公子,世习《韩诗》,有《薛氏章句》二十二卷,见《隋书·经籍志》。汉传父业,尤善说灾异谶纬,教授常数百人。光武即位,为博士,受诏校定图谶。当世言《诗》者推汉为长。弟子犍为杜抚叔和、京兆廉范叔度、会稽澹台敬伯、钜鹿韩伯高最知名,而抚才尤高,传汉学,定《韩诗章句》,弟子千余人,所作《诗题》,下有脱字。按《华阳国志》云:"林抚作《诗通议说》。"文约义通,学者传之,曰杜君注。此鲁、齐、韩三家《诗》世家也。其他治《鲁诗》者,曰太傅南阳卓茂子康、司徒扶风鲁恭仲康及弟侍中丕叔陵、谏议大夫沛陈宣子兴、大鸿胪会稽包咸子良、骑都尉任城魏应君伯、侍御史豫章陈重景公、南顿令豫章雷义仲公、太尉汝南李咸元章、处士酂李炳子然、琅玡王傅、陈留蔡朗仲明、屯骑校尉山阳鲁峻仲严。治《齐诗》者,曰伏波将军扶风马援文渊、处士蜀郡任末叔本、广汉景鸾汉伯、大鸿胪颍川陈纪元方。治《韩诗》者,曰长沙太守汝南郅恽君章、太山都尉梁国夏恭敬国、云阳令扶风朱勃叔阳、处士会稽赵晔长君、阆中令巴郡杨仁文义、光禄勋寿春召驯伯春、武威太守安定李恂叔英、郎中豫章唐檀子产、处士山阳张匡文通、辽东属国都尉北海公沙穆文义、处士汝南廖扶文起、车骑将军巴郡冯绲鸿卿、大将军安定梁商伯夏、司空河内杜乔叔荣、太尉弘农刘宽文饶、东海相京兆韦著休明,皆有名字载在史策。而《韩诗》极盛。赵晔受学杜抚,撰《韩诗谱》二卷、《诗神泉》一卷。又有侯苞者,作《韩诗翼要》十卷,见《隋书·经籍志》。独东海卫宏敬仲、扶风贾逵景伯,于中兴之初,学《毛诗》于谢曼卿,而逵作《齐鲁韩诗与毛氏异同》,又有《毛诗杂议难》十卷,见《隋书·经籍志》,则非笃信于毛者也。独宏作《毛诗序》,善得风雅之旨。河南郑众仲师、汝南许慎叔重,亦稍稍治《毛诗》。然在廷诸臣,犹崇韩故,兼习鲁训。而作《毛诗传》者自扶风马融季长始也。北海郑玄康成初从东郡张恭祖受《韩诗》,既事马融,治《诗》乃一于宗毛。毛义若隐略,则更表明,如有不同,即下己意,而为识别,如今人之签记,积而成帙,凡二十卷,谓之曰《笺》。郑《笺》行而毛学昌,三家微矣。然郑《笺》兼用韩、鲁,以补缺拾遗于毛,与《毛传》时有异同。炎汉祚衰,三国分崩,魏有太子文学东平刘桢公幹撰《毛诗义问》十卷,秘书郎刘璠撰《毛诗义》四卷、《毛诗笺传是非》二卷,谢沈撰《毛诗注》二十卷、《毛诗释义》十卷,见《隋书·经籍志》,不知于义云何。独太常东海王肃子雍灼知郑《笺》之异毛,撰《毛诗义驳》八卷、《毛诗问难》二卷、《毛诗奏事》一卷,以申毛难郑,益阐毛义,撰《毛诗注》二十卷。而司空东莱王基伯舆撰《毛诗答问》、《驳谱》合八卷,见《隋书·经籍志》。其中《毛诗驳》五卷,则申郑玄而难王肃者也。由是《毛诗》有郑玄、王肃二家之学。此魏之治《毛诗》者也。吴之治《毛诗》者,有太常卿徐整撰《毛诗谱》三卷,侍中韦①昭、侍中朱育等撰《毛诗答杂问》七卷,见《隋书·经籍志》,皆不传。独太子中庶子乌程令吴郡陆玑元恪撰《毛诗草木虫鱼疏》二卷,为后人辑佚,廑存。盖虫鱼草木,今昔异名,年代迢遥,传疑弥甚,而玑去古未远,疏解犹为得真,后来之笺毛者,咸以玑书为据也。末附《四家诗源流》四篇,而《毛诗》为特详者,则宗毛之故也。蜀之治《毛诗》者无闻。而治《韩诗》者,魏有中尉河东崔琰季珪,吴有会稽都尉广陵张纮子纲,蜀有大鸿胪蜀郡杜琼伯瑜、安汉令蜀郡何随②季业。而杜琼著《韩诗章句》十余万言。至崔琰晚事郑玄,当亦兼习《毛故》者也。齐、鲁之《诗》,学者耗矣亡焉。晋禅魏祚,《韩诗》虽存,亦无传者。儒生研诵,独有《毛诗》,而郑、王异说,攻难互起。长沙太守孙毓撰《毛诗异同评》十卷,恢张王说。而徐州从事陈统又明郑义,作《难孙氏毛诗评》四卷。其他弘农太守河东郭璞景纯撰《毛诗拾遗》一卷,给事郎杨义撰《毛诗辨异》三卷、《毛诗异义》二卷,具见《隋书·经籍志》,疑又毛公之补缺拾遗者也。宋、齐、梁、陈继晋而作,言《毛诗》者则宋有中散大夫徐广撰《毛诗背隐义》二卷,奉朝请孙畅之撰《毛诗引辨》一卷、《毛诗序义》七卷,金紫光禄大夫何偃撰《毛诗释》一卷,通直

---

① 韦,原作"韩",据《隋书·经籍志》改。
② 随,原作"隋",据《华阳国志·后贤志》改。

郎雷次宗撰《毛诗序义》二卷、《毛诗义》一卷，交州刺史阮珍之撰《毛诗序注》一卷，齐有处士刘瓛撰《毛诗序义疏》四卷、《毛诗编次义》一卷，顾欢撰《毛诗集解叙义》一卷，梁有武帝撰《毛诗发题序义》一卷、《毛诗大义》十一卷，简文帝撰《毛诗十五国风义》二十卷，桂州刺史崔灵恩《集注毛诗》二十四卷，给事郎谢昙济撰《毛诗检漏义》二卷，处士陶弘景《毛诗序注》一卷，何胤撰《毛诗隐义》十卷，舒援撰《毛诗义疏》二十卷，具见《隋书·经籍志》，皆谨守毛公而为之笺明疏证其义尔。独宋奉朝请业遵所注，立义多异，凡二十卷，谓之《业诗》，虽世所不行，然于《毛诗》极盛之后，卓然别自名家，而不欲为毛公之舆台，亦可谓畸士也。北学宗毛，无殊南朝，其著有成书者，则有魏之安丰王元延明撰《毛诗谊府》二十八卷，太常卿刘芳撰《毛诗笺音证》十卷，萧岿散骑常侍沈重撰《毛诗义疏》二十八卷。隋有太学博士景城刘炫光伯撰《毛诗述义》四十卷、《毛诗集小序》一卷，信都刘焯士元撰《毛诗义疏》二十九卷，国子助教余杭鲁世达撰《毛诗章句义疏》四十卷、《毛诗并注音》八卷。其间聪颖特达，曰焯、曰炫，并称二刘，笺毛疏义，文而又儒，擢秀干于一时，骈绝辔于千里，固诸儒之所揖让，日下称为无双者也。所惜者，负恃才气，轻鄙先达，同其所异，异其所同，或应略而反详，或宜详而更略，准其绳墨，差忒未免，勘其会同，时有颠踬。至唐贞观十六年，诏国子祭酒孔颖达等因郑玄之笺，撰定《毛诗正义》四十卷，而郑学日章，王注以熸。其书以刘焯《义疏》、刘炫《述义》为稿本，删其所繁，增其所简，而草木虫鱼则取裁陆玑之《疏》，故能融贯群言，包罗古义，集毛学之大成。终唐之世，人无异辞。惟颖达《正义》之于《诗序》，引旧说云："起'《关雎》，后妃之德也'至'用之邦国焉'，名《关雎序》，谓之小序。自'风，风也'讫末，名为大序。"沈重云："案郑《诗谱》意，大序是子夏作，小序是子夏、毛公合作。卜商意有不尽，毛公足成之。"或云："小序是东海卫敬仲所作。"具列两说，而不为论定，盖其慎也。独成伯玙撰《毛诗指说》一卷，乃据郑《诗谱》意而定小序首句为子夏所传，其下为毛苌所续。谓"众篇之小序，子夏惟裁初句耳。'《葛覃》，后妃之本也'，'《鸿雁》，美宣王也'，如此之类是也。其下皆大毛公自以诗中之意而系其辞云尔。"虽佐证未备,而决别疑似,于说《诗》者亦足以裨参证焉。然自孔颖达而后,说《诗》者莫敢疑毛、郑,虽老师宿儒,亦谨守小序。至宋而新义日增,旧说几废,推原所始,实发端于庐陵欧阳修永叔。修文章名一世,而经术亦复湛深,撰《毛诗本义》十六卷。其书先为论,以辨毛、郑之失,然后断以己见。凡为说一百有四篇,统解十篇,《时世》、《本末》二论,《豳》、《鲁》、《序》三问,而《补亡郑谱》及《诗图总序》附于后。然修之言曰:"后之学者,因述先世之所传而较得失,或有之矣。使徒抱焚余残脱之经,伥伥于去圣人千百年后,不见先儒中间之说,而欲特立一家之学者,果有能哉?吾未之信也。"又曰:"先儒于经不能无失,而所得固已多矣。尽其说而理有不通,然后以论正之。"是修作是书,本出于和气平心,以意逆志,故其立论虽不曲徇毛、郑,而亦未尝轻议毛、郑。后之学者或务立新奇,自抒独得,甚者删窜《二南》,则变本加厉之过,固不得以滥觞之始归咎于修矣。修之门下士眉山苏辙子由乃撰《诗集传》二十卷,其说以《诗》之小序,反复繁重,类非一人之辞,疑为毛公之学,卫宏之所集录,而不取子夏之说,因惟存其发端一言,而余文悉删。然辙于毛公之说,曰"独采其可者,见于今传,其尤不可者,皆明著其失",是辙于毛公之学,亦未一笔抹杀,而务持其平,犹之修之用心也。临川王安石介甫与苏辙同辈,而神宗倚畀作相,置经义局,以安石提举,修定其《新经诗义》三十卷,大指依据毛公,安石训其义,而训其辞者则其子雱元泽。盖亦王氏《新经》三书之一也。安石又撰《字说》二十卷,以相辅翼,与《三经》并颁学官,于是宋之学风一变。然多袭其义理,而传安石名物训诂之学者,曰山阴陆佃农师、仙游蔡卞元度。佃,安石客;卞,安石婿也。佃作《埤雅》,卞作《毛诗名物解》,大指皆以《字说》为宗。而卞之书二十卷,凡十一类,曰《释天》、《释百谷》、《释草》、《释木》、《释鸟》、《释①兽》、《释虫》、《释鱼》、《释马》、《杂释》、《杂解》。论者或诋其议论穿凿,征引琐碎,无裨于经

---

① 释字原脱,据《毛诗名物解》补。

义。然征引发明,有出于陆玑①《草木虫鱼疏》、孔颖达《正义》外者。安石之《新经诗义》不传,而卞之学出于安石,此可以考见安石《新经诗义》之一斑焉。然安石《新经诗义》于毛公尚少诃辞,而诋毛公,废《诗》序,毅然力持,昌言不忌者,其自南宋莆田郑樵渔仲始乎?樵之学虽自成一家,而师心自是,撰《夹漈诗传辨妄》二十六卷,大指以为:"《毛诗》自郑、毛既笺之后,而学者笃信康成,故此书专行,齐、鲁、韩三家遂废,致今学者只凭毛氏,且以序为子夏所作,更不敢拟议。盖事无两造之辞,则狱有偏听之惑。"极言《毛序》之不可偏信也。然设以听讼为喻,诗者,其事也;齐、鲁、韩、毛,则证验之人也。《毛诗》本书具在,流传甚久,譬如其人亲身到官,供指详明,具有本末者也;齐、鲁、韩三家本书已亡,于他书中间见一二,而真伪未可知,譬如其人元不到官,又已身亡,无可追对,徒得之风闻道听以为其说如此者也。今舍《毛诗》而求证于齐、鲁、韩,犹听讼者以亲身到官所供案牍为不可信,乃采之于旁人传说而欲以断其事,论者不以为允也。既朱子撰《诗集传》二十卷,而殿以《诗序辨说》,以大小序自为一编而辨其是非,盖用郑樵之说也。然考朱子注《诗》,盖两易稿,其初稿全宗小序,卷首自序作于淳熙四年,中无一语斥小序,盖犹初稿之序。金华吕祖谦伯恭撰《吕氏家塾读诗记》,中引朱子曰者,即采朱子注《诗》初稿说也。朱子与祖谦交最契,其初论《诗》亦最合,顾朱子晚年改从郑樵而自变前说,而祖谦仍坚主毛、郑。故祖谦没,朱子作《家塾读诗记》序,称"少时浅陋之说,伯恭父误有取焉。既久,自知其说有未安,或不免有所更定。伯恭父反不能不置疑于其间,熹窃惑之。方将与反复其说以求真是之归,而伯恭父已下世",盖深不平于祖谦之故见自封。然迄后攻序宗序,两家角立相争而不能以偏废,嗜祖谦书者终不绝也。祖谦书三十二卷,博采诸家,存其名氏,先列训诂,后陈文义,翦截贯穿,如出一手,有所发明,则别出之,蕲以阐发诗人"躬自厚而薄

---

① 玑,原作"机",据《四库总目考证》当作"玑"。

责于人"之旨,盖宋儒《诗》学之详正,未有逾于祖谦者也。惟《公刘》以后,编纂已备而条例未竟,学者惜焉。崇德辅广汉卿者,初从吕祖谦游,后复从朱子讲学,即世所称庆元辅氏也。顾辅氏撰《诗童子问》十卷,大指主于掊击《诗》序,羽翼《诗集传》,与祖谦说《诗》之宗序者不同。而庆元王应麟伯厚旁采诸书所引齐、鲁、韩三家《诗》逸文,撰《诗考》一卷,中采《韩诗》较夥,齐、鲁二家仅寥寥数条。盖《韩诗》最后亡,唐以来注书之家,引其说者多也。后之辑三家《诗》者,或訾应麟为未备,然古书散佚,搜采为难,后人踵事增修,较创修自易为力,筚路蓝缕,终当以应麟为首庸也。自序称:"汉言《诗》者四家,师异指殊。贾逵撰《齐鲁韩诗与毛氏异同》,梁崔灵恩采三家本为《集注》,今惟毛《传》、郑《笺》孤行。韩仅存《外传》,而鲁、齐《诗》亡久矣。诸儒说《诗》,一以毛、郑为宗,未有参考三家者。独朱文公《集传》多从《韩诗》,一洗末师专己守残之陋。尝语门人:'《文选注》多《韩诗》章句,欲写出。'应麟窃观传记所述,三家绪言尚多有之,网罗遗佚,傅以《说文》、《尔雅》诸书,萃为一编,以扶微学,广异义,亦文公之意云尔。读《集传》者,或有考于斯。"亦朱子《集传》之羽翼也。慈溪杨简敬仲撰《慈湖诗传》二十卷,大要本孔子"无邪"之旨,而据《后汉书》之说,以小序为出自卫宏,不足深信,要与朱子无大殊。其它笺释文义,如以"聊乐我员"之"员"为姓,以"六驳"为"赤驳"之讹,以"天子葵之"之"葵"为有向日之义,间有附会穿凿。然其于一名一物,一字一句,必斟酌去取,旁征远引,曲畅其说。其考核六书,则自《说文》、《尔雅》以及史传之音注,无不悉搜;其订正训诂,则自齐、鲁、毛、韩以下以至方言杂说,无不博引,可谓折衷同异,自成一家之言者。至篇中所论,谓《左传》不可据,谓《尔雅》亦多误,谓郑康成不善作文,甚至自序之中,以《大学》之释《淇澳》为多牵合,而诋子夏为小人儒,斯又大言炎炎,而为朱子之所不敢出者。盖简之学出陆九渊,九渊固谓"学苟知道,六经皆我注脚",而朱子尚信经传、道问学也。然简之放言自恣,无所畏避,尚不如金华王柏鲁斋之甚也。柏之学,虽渊源于朱子,而撰《诗疑》二卷，则攻驳毛、郑不已，并本经而攻驳之；攻驳本经不已，又并本经而删削之。其以《行露》首章为乱入，据《列女传》为说，犹有所本也；以《小弁》"无逝我梁"四句为汉儒所妄补，犹曰其词与《谷风》相同，似乎移缀；以《下泉》末章为错简，谓与上三章不类，犹著其疑也。至于《召南》删《野有死麕》、《邶风》删《静女》、《鄘风》删《桑中》、《卫风》删《氓》、《有狐》、《王风》删《大车》、《丘中有麻》、《郑风》删《将仲子》、《遵大路》、《有女同车》、《山有扶苏》、《箨兮》、《狡童》、《褰裳》、《丰》、《东门之墠》、《风雨》、《子衿》、《野有蔓草》、《溱洧》、《秦风》删《晨风》、《齐风》删《东方之日》、《唐风》删《绸缪》、《葛生》、《陈风》删《东门之池》、《东门之枌》、《东门之杨》、《防有鹊巢》、《月出》、《株林》、《泽陂》，凡三十二篇。按：书中所列之目实止三十一篇，疑传刻者脱其一篇。又曰："《小雅》中凡杂以怨诽之语，可谓不雅。予今归之《王风》，且使《小雅》粲然整洁。"其所移之篇目虽未具列，其降《雅》为《风》，已明言之矣。又曰："《桑中》当曰《采唐》，《权舆》当曰《夏屋》，《大东》当曰《小东》。"则并篇名改之矣。顾柏亦自知诋斥圣经，或为公论所不许，乃托词于汉儒之窜入。至于谓《硕人》第二章形容庄姜之色太亵，《黄鸟》乃浅识之人所作，则更直排孔子删定之失当，不复托词于汉儒矣。此又杨简之所不敢者也。元儒金华许谦益之称受学于王柏，而于柏《诗疑》所欲删之《国风》三十二篇，则疑而未敢遽信。论者或斥谦存已放之郑声也。见兰溪吴师道正传为谦撰《诗集传名物钞》序。然谦撰《诗集传名物钞》八卷，考订名物音训，咸有依据，信足以补朱子之放阙焉。同时有安福刘瑾公瑾者，其学问渊源亦出朱子。撰《诗传通释》二十卷，发明《集传》，与辅广《诗童子问》相同。惟广书皆循文演义，而瑾兼辨订故实，虽证实蹈虚不同，然义理一也。盖宋以前之说《诗》者，罔不毛、郑是宗。欧阳修、苏辙而后，别解渐生。郑樵、朱子而后，异帜高张。迄末年，乃古义黜而新学立。故有元一代之说《诗》者，无非朱《传》之笺疏，许谦之《诗集传名物钞》、刘瑾之《诗传通释》两书其尤著者也。至仁宗行科举法，定为功令，而明制因之。永乐间，行在翰林学士胡广等奉敕撰《诗经大全》二十卷,亦主于阐扬朱《传》,遵宪典也。然元人笃守师传,有所阐明,皆由心得。明则靖难以后,耆儒宿学,略已丧亡,广等无可与谋,乃剽窃旧文以应诏。此书名为官撰,实本刘瑾之《诗传通释》而稍损益之,惟改其中"瑾案"二字为"刘氏曰",又刘书以小序分隶各篇,是书则从朱子旧本合为一篇,小变其例而已。自是宋学昌而汉义绌,朱《传》行而《毛诗》废矣。然明儒《诗》学亦有宏究汉义而不宗朱《传》者。监利李先芳伯承撰《读诗私记》二卷,释义多从毛、郑,毛、郑有所难通,则参之吕祖谦《读诗记》、严粲《诗缉》。其自序曰:"文公谓小序不得《小雅》之说,一举而归之刺。马端临谓文公不得郑、卫之风,一举而归之淫。胥有然否,不自揣量,折衷其间。"盖不专主一家,故议论宏通,绝无区分门户之见。如说《郑风·子衿》,仍从学校之义,则不取宋学;谓《国风》、《小雅》初无变、正之名,则不从汉说;至《楚茨》、《南山》等四篇,则小序与《集传》之说并存,不置可否,盖小序皆以为刺幽王,义有难通,而《集传》所云,又于古无考,故阙所疑也。虽援据不广,时有阙略,要其大纲,则与凿空臆撰者殊矣。然犹折衷汉、宋也。明宗室朱谋㙔[①]郁仪撰《诗故》十卷,乃专以《毛诗》小序为主而考证以旧说。其曰《诗故》者,盖《汉书·艺文志》载《诗》类有《鲁故》、《齐后氏故》、《齐孙氏故》、《韩故》、《毛诗故训传》,颜师古注:"曰故者,道其旨意也。"谋㙔是书,盖用汉儒之旧名,故其说《诗》亦多以汉学为主,与朱子《诗集传》多所异同。其间自立新义者,如以《小星》为蛰御入直,以《斯干》为成王营洛、周公所赋之类,似失之穿凿。然谋㙔博极群书,学有根柢,要异乎剽窃陈言。盖自胡广等《五经大全》一出,应举穷经,久分两事。谋㙔生长帝室,不借应举为进取,乃得以研究遗文,发挥古义也。经术盛衰之故,此亦可知其大凡矣。迨明之亡也,吴江陈启源长发撰《毛诗稽古编》三十卷。前二十四卷,依次解经,而不载经文,但表篇目,其

---

① 㙔,原作"㙔",误。

无所论说，则并篇目亦不载；次为《总诂》五卷，分六子目，曰《举要》，曰《考异》，曰《正字》，曰《辨物》，曰《数典》，曰《稽疑》；末为附录一卷，则统论风、雅、颂之旨。训诂一准诸《尔雅》，篇义一准诸小序，而诠释经旨，则一准诸《毛传》，而郑《笺》佐之，其名物则多以陆玑《疏》为主。题曰"毛诗"，明所宗也；曰"稽古编"，明为唐以前专门之学也。所辨正者，惟朱子《集传》为多，欧阳修《诗本义》、吕祖谦《读诗记》次之，严粲《诗缉》又次之。所掊击者，惟刘瑾《诗集传》为甚，辅广《诗童子问》次之，但广书皆循文演义，故所驳惟训解之辞，而瑾书兼辨订故实，故所驳多考证之语。其坚持汉学，不容一语之出入，虽未免或有所偏，然引据赅博，疏证详明，一一皆有本之谈。盖明代说经诸儒，喜骋虚辨，迨清儒矫为征实之学以挽颓波，古义彬彬，于斯为盛，而启源实先河也。然当启源之世，亦有兼综汉、宋不主一家者，桐城钱澄之饮光、吴江朱鹤龄长孺，其尤著者也。澄之撰《田间诗学》十二卷，大旨以小序首句为主，而非有意于攻朱子《集传》。于汉、唐以来之说，亦不主于一人。所采诸儒论说，自汉唐注疏、朱子《集传》以外，凡二程子、张子、欧阳修、苏辙、王安石、杨时、范祖禹、吕祖谦、陆佃、罗愿、谢枋得、严粲、辅广、真德秀、邵忠允、季本、郝敬、黄道周、何楷二十家。其中王、杨、范、谢四家，今无传本，盖采于他书；陆、罗二家，本无《诗》注，盖草木鸟兽之名，引其《埤雅》、《尔雅翼》也。自称毛、郑、孔三家之书，录者十之二，《集传》录者十之三，诸家各本录者①十之四，持论颇为精核，而于名物训诂、山川地理言之尤详。尝语人曰："《诗》与《尚书》、《春秋》相为表里，必考之《三礼》以详其制作，征诸《三传》以审其本末，稽之《五雅》以核其名物，博之《竹书纪年》、《皇王大纪》以辨其时代之异同与情事之疑信，即今舆记以考古之图经而参以平生所亲历。"亦可见其考证之切实矣。至鹤龄则与陈启源同里，尝序启源之《毛诗稽古编》，而撰《诗经通义》十二卷，则自序称"此书盖与启源商

---

① 者，原作"之"，据《四库提要》"田间诗学"条改。

榷而成",又称"启源《毛诗稽古编》专崇古义,此书则参停于今古之间"。盖其专主小序,而兼综汉、宋,与澄之《田间诗学》同。惟甄采较狭,于汉用毛、郑,唐用孔颖达,宋用欧阳修、苏辙、吕祖谦、严粲,并世用陈启源,其释音明用陈第,并世用顾炎武,其凡例九条及考订郑氏《诗谱》,皆具有条理,虽参用今古,与启源之专崇古义者不同,然启源之《毛诗稽古编》屡称焉。惟启源、鹤龄与钱澄之三人者,明之遗老而非清儒也。清儒之传经者,首推长州惠氏,三世以经学著称,而发祥者惠周惕字元龙也。著有《易传》、《春秋》、《三礼问》及《诗说》,而《诗说》三卷最佳,其大旨谓大、小雅以音别,不以政别;谓正雅、变雅美刺错陈,不必分《六月》以上为正,《六月》以下为变,《文王》以上为正,《民劳》以下为变;谓《二南》二十六篇皆房中之乐,不必泥其所指何人;谓天子、诸侯均得有颂,《鲁颂》非僭,大抵引据确实,树义深切,而于《毛传》、郑《笺》、朱《传》,无所专主,多自以己意考证,则又与钱澄之、朱鹤龄之兼采汉宋、折衷同异者殊科。无锡顾栋高震沧撰《毛诗类释》二十一卷,盖析《毛诗》名物为二十一类而为之释也。惟诸家之释名物者,多泛滥以炫博,而栋高此书则采录旧说,颇为谨严,又往往因以发明经义,与但征故实体同类书者有别,亦庶几抒所自得,能出新意者。然清儒说经之所为别帜于宋、元者,在能宏究汉义,辨明家法。其始也,阐扬毛、郑古文以破宋儒臆测之谈,及其既也,则又旁采今文齐、鲁、韩诸家逸文而驾之晚出毛、郑古文之上。至如惠、戴二氏,抒所得而出新义,非所贵于清儒也。休宁戴震东原之撰《毛郑诗考正》四卷、《考正郑氏诗谱》一卷、《杲溪诗经补注》二卷,金坛段玉裁懋堂之撰《毛诗故训传》三十卷、《诗经小学》一卷,江都焦循理堂之撰《毛诗补疏》五卷,嘉应李黼平绣子之撰《毛诗绅义》二十四卷,桐城马瑞辰元伯之撰《毛诗传笺通释》三十二卷,泾县胡承珙墨庄之撰《毛诗后笺》三十卷,崇明陈奂硕甫之撰《诗毛氏传疏》三十卷、《毛诗说》一卷、《毛诗传义类》十九篇、《释毛诗音》四卷、《郑氏笺考正》一卷。而陈奂师事段玉裁,治《毛诗》、《说文》,以为郑康成习《韩诗》,兼通齐、鲁,最后治《毛诗》,笺《诗》乃在注《礼》之后,以《礼》注《诗》,非墨守一氏,《笺》中有用三家申毛者,有用三家改毛者,因撰《郑氏笺考征》,而后知毛古文、郑用三家从今文之不同术也。析毛、郑之殊旨,明音义之通借,乃放①《尔雅》,编作《义类》,于一切声音训诂之用,天地山川之大,宫室衣服制度之精,鸟兽草木虫鱼之细,分别部居,各为探索。久乃划除,条例章句,糅成作疏,捃取先秦之旧说,搴择末汉之微言,置郑《笺》而疏《毛传》,署曰《诗毛氏传疏》,盖诸家之尤矜慎者矣。斯则阐扬毛、郑古文以破宋儒臆测之谈者也。它如会稽范家相蘅洲之因宋王应麟《诗考》而辑《三家诗拾遗》十卷,视应麟书为赅备矣,然犹未及侯官陈乔枞朴园也。自后嘉兴冯登府柳东撰《三家诗异文疏证》一卷,邵阳魏源撰《诗古微》十七卷,吴江迮鹤寿青匡撰《齐诗翼氏学》四卷。而陈乔枞秉其家学,以父寿祺撰《三家诗遗说考》未成,次第补缉,成《鲁诗遗说考》六卷、《齐诗遗说考》四卷、《韩诗遗说考》五卷,各述授受源流,而冠以叙录一篇。又撰《诗经四家异文考》四卷、《齐诗翼氏学疏证》二卷。盖乔枞之考据详博,与魏源之议论宏辨,言今文者骈称二难焉。晚清善化皮锡瑞鹿门撰《诗经通论》,亟称陈《考》搜采之备,魏源驳辨之快,顾有不足于魏源之好创新说,曰:"解经是朴学,不得用巧思。解经须确凭,不得任臆说也。"然其右今三家而抑《毛传》,实与魏源同指。斯又旁采今文齐、鲁、韩诸家逸文而欲驾之晚出毛、郑古文之上者也。此外又有连江陈第季立之《毛诗古音考》、昆山顾炎武宁人之《诗本音》、曲阜孔广森㧑约之《诗声类》,具详《小学声韵篇》,兹不复赘。纂《诗志》第四。

---

① 放,按文意当作"仿"。

三礼志第五

礼起于何也？曰："人生而有欲，欲而不得，则不能无求；求而无度量分界，则不能不争；争则乱，乱则穷。先王恶其乱也，故制礼义以分之，以养人之欲，给人之求，使欲必不穷乎物，物必不屈于欲，两者相待而长，是礼之所起。"而帝王质文，世有损益。至周曲为之防，事为之制，故曰"经礼三百，曲礼三千"。经礼三百，《周礼》是也；曲礼三千，《仪礼》是也。及周之衰，诸侯将逾法度，恶其害己，皆灭去其籍。于是孔子适周而问礼于老聃，追迹三代之礼，曰："夏礼，吾能言之，杞不足征也。殷礼，吾能言之，宋不足征也。足则吾能征之矣。"然观殷、周所损益，曰："殷因于夏礼，所损益可知也。周因于殷礼，所损益可知也。其或继周者，虽百世可知也。以一文一质。周监于二代，郁郁乎文哉，吾从周。"故《礼记》自孔子著称，《太史公书》曰《礼记》自孔子者。世称"三礼"，《周礼》记周官制，《仪礼》详周义文，编著之图籍，王谓之礼经，邦国官府谓之礼法，设之于官府，而布之于百姓，皆周朝之官书也，独《礼记》自孔子。门人弟子，著所闻见，微言授受，协诸义而协；经天纬地，本之则太一之初；原始要终，体之乃人情之欲，然后知礼者义之实也，礼之所尊，尊其义也。"循法则、度量、刑辟、图籍，不知其义，谨守其数，慎不敢损益也，父子相传，以持王公，是故三代虽亡，治法犹存，是官人百吏之所以取禄秩"，《周礼》是也。"失其义，陈其数，祝史之事也"，《仪礼》是也。故其数可陈也，其义难知也。协诸义而协，则礼虽先王未之有，可以义起也。是《礼记》之所欲著也。夫礼者，理之不可易者也。《周礼》之记官制，《仪礼》之详仪文，此其所得与民变革者也。观理之不可易者，盖必《礼记》之自孔子。而孔子之殁，葬鲁城北泗上，冢大一顷①，弟子及鲁人往从冢而家者百有余室，因命曰孔里。故所居堂弟子内，后世因庙藏孔子衣冠，车服礼器，而诸儒以时讲《礼》，乡饮、大射其间焉。嬴秦坑儒，而陈涉之王，鲁诸儒持孔氏之礼器，往归陈王。于是孔甲为陈涉博士，卒死涉之难。初，项籍封鲁公，及其死，楚地皆降汉，独鲁不下。汉高帝举兵围鲁，鲁中诸儒尚讲诵习礼乐，弦歌之音不绝。岂非孔子之遗化，好礼乐之国哉？故汉兴，太常叔孙通，征鲁诸生共起朝仪，诸学者多言《礼》，而鲁高堂生最。《礼》固自孔子时，而其经不具，及至秦焚书，散亡益多，于汉独有《士礼》。《士礼》亦称《仪礼》。曰《士礼》者，以其为士之礼；称《仪礼》者，以其记礼之仪文也。凡十七篇：《士冠礼》第一，童子任职居士位，年二十而冠，主人玄冠朝服，则是仕②于诸侯、天子之士也。《士昏礼》第二，士娶妻之礼，以昏为期，因而名焉。《士相见礼③》第三，士以职位相亲，始承挚相见之礼也。《乡饮酒礼》第四，诸侯之乡大夫，三年大比，献贤者、能者于其君，以礼宾之也。《乡射礼》第五，州长春秋以礼会民，而射于州序之礼也。《燕礼》第六，诸侯无事，若卿大夫有勤劳之功，与群臣燕饮以乐之也。《大射礼》第七，名曰大射者，诸侯将有祭祀之事，与群臣射，以观其礼，数中者得与于祭，不数中者不得与于祭也。《聘礼》第八，大问曰聘，诸侯相於久无事，使卿相问之礼也。《公食大夫礼》第九，主国君以礼食小聘大夫之礼也。《觐礼》第十，觐，见也，诸侯秋见天子之礼也。春见曰朝，夏见曰宗，秋见曰觐，冬见曰遇。《丧服》第十一，天子以下死而相丧，衣服年月亲疏隆杀之礼，而子夏为之传焉者也。《士丧礼》第十二，士丧其父母，自始死至于既殡之礼也。《既夕礼④》第十三，《丧礼》之下篇也。《士虞礼》第十四，虞，安也，士既葬其父母，迎精而反，日中而

①　顷，原作"项"，误。
②　仕，原作"任"，据《仪礼注疏》所引郑玄《三礼目录》改。
③　礼字原脱。
④　礼字原脱。

祭之于殡室以安之也。《特牲馈食礼》第十五,特牲馈食礼,谓①诸侯
之士大祭祖祢也。《少牢馈食礼》第十六,诸侯之卿祭其祖祢于庙之
礼也。《有司彻》第十七,《少牢》之下半篇也。独高堂生能言之。而
鲁徐生善为容。孝文帝时,徐生以容为礼官大夫。孝景帝时,尝封皇
子德为河间王,馀为鲁王。顾河间王修学好古,而鲁王好治宫室,坏
孔子宅,欲以为宫,而得古文于坏壁之中,《逸礼》有三十九。既河间
王从民求善书,得《礼古经》五十六篇,《记》百三十一篇,《周官经》五
卷,皆古文旧书,不同高堂生《士礼》之为今文。惟《礼古经》之十七
篇,与高堂生同而字多异,多三十九篇,后世不传,而其篇名颇见于他
书,若《天子巡狩礼》见《周官·内宰》注,《朝贡礼》见《聘礼》注,《烝尝
礼》见《射人》疏,《中霤礼》见《月令》注及《诗·泉水》疏,《王居明堂
礼》见《月令》、《礼器》注,《古文②明堂礼》见蔡邕《论》,又《奔丧》疏引
《逸礼》,《王制》疏引《逸礼》,云"皆升合于太祖",《文选注》引《逸礼》,
云"三王禅云云,五帝禅亭亭",皆《古经》之《逸礼》也。《记》百三十一
篇者,出自孔氏。孔子殁后,七十二子之徒,共撰所闻,以为此记,后
人各有损益。其中《檀弓》、《礼运》疑子游门人记,《中庸》、《坊记》、
《表记》子思所作,《缁衣》公孙尼子制,《月令》吕不韦撰。或录旧礼之
仪,或录官礼所由,或兼记体履,或杂序得失。汉兴,博士叔孙通乃纂
录之以为记,盖《士礼》之传也,有《冠义》以释《士冠》,有《昏义》以释
《士昏》,有《乡饮酒义》以释《乡饮》,有《射义》以释《乡射》、《大射》,有
《燕义》以释《燕礼③》,有《聘义》以释《聘礼》,有《朝仪》以释《觐礼》,
有《四制》以释《丧服》,有《问丧》以释《士丧》,有《祭义》、《祭统》以释
《特牲》、《少牢》、《有司彻》,发明其义,盖《士礼》者经,而《记》则其传
也。传者,转也,转受经旨以授于后也。《周官经》五篇:《天官冢宰》
第一,《地官司徒》第二,《春官宗伯》第三,《夏官司马》第四,《秋官司

---

① 谓,原作"非",据《仪礼注疏》所引郑玄《三礼目录》改。
② 文,原作"大",误。
③ 礼,原作"食",误。

寇》第五,李氏上之河间献王者也,独佚《冬官》一篇,王乃购千金不得,取《考工记》以补之,于诸经中最为晚出。其书详周之制度,而不及道化,严于职守,而阙略人主之身,传者以为周公作也。其分例虽密,而序官之义有二:一则以义类相从,如宫正、宫伯,同主宫中是,膳夫、庖人、外饔,同主造食是。一则次叙一官之属,不以尊卑为先后,而以缓急为次第,故宫正等士官在前,内宰等大夫官在后也。惟其后阙《冬官》一篇,河间王①取《考工记》合成六篇。按《考工记》称"郑之刀",又称"秦无庐",郑封于宣王时,秦封于孝王时,其非周公之典,已无疑义,然奇古奥美,殆圣于文。或以为东周后齐人所作,或以为先秦书,未详孰是也。虽不足以当《冬官》,然百工为九经之一,共工为九官之一,先王原以考工为大事,以之殿《周官》之后,可以考见古代制器尚象之遗焉。惟《周官》虽出,孝武以为末世渎乱不经之书,故作十论七难以排弃之,虽入秘府,而未传也。独《士礼》传自高堂生,而鲁徐生乃以善为容②世其家,传子至孙徐延、徐襄。襄,其资性善为容,不能通经。延颇能,未善也。襄亦以容为大夫,至广陵内史。延及徐氏弟子公户满意、桓生、单次,皆为礼官大夫。而瑕丘萧奋以《礼》为淮阳太守。然孝武以前,诸言《礼》为容者由徐氏焉。孝武帝时,尝行礼射于未央宫之曲台,博士东海后苍近君说《礼》数万言,为记,号曰《后氏曲台记》。后苍者,尝学《齐诗》于鲁夏侯始昌,而礼学则传之同郡孟卿。卿,萧奋弟子也。后之言礼者由后苍,而徐氏无传者。苍校书曲台,著《曲台后苍》九篇,见《汉书·艺文志》,以授沛闻人通汉子方、庆普孝公、梁戴德延君、戴圣次君。通汉以太子舍人论石渠,至中山中尉。普为东平大傅。德为信都大傅,号曰大戴。而圣者,德之从兄子也,号小戴,以博士论石渠,撰集《石渠礼论》四卷,即《汉书·艺文志》著录《议奏三十八篇》也,并《群儒疑义》十二卷,具见

---

① 王,原作"工",误。
② 容,原作"客",据《史记·儒林传》改。

《隋书·经籍志》。既出为九江太守，行治多不法，前刺史以其大儒优容之，及蜀郡何武君公为扬州刺史，行部录囚徒，有所举，以属郡。圣曰："后进生何知，乃欲乱人治。"皆无所决。武使从事廉得其罪。圣惧，自免。后为博士，毁武于朝廷。武闻之，终不扬其恶。而圣子宾客为群盗，得，为武系治，圣自以子必死。武平心决之，卒得不死。自是后，圣渐服。武每奏事至京师，圣未尝不造门谢恩。于是传者莫不多武长者而诮圣之经生薄行也。圣与戴德皆受《礼》后苍，而《经》十七篇之次第，《记》百三十一篇之去取，二戴无一相同。盖戴德传《经》十七篇次第，以《冠礼》第一，《昏礼》第二，《相见》第三，《士丧》第四，《既夕》第五，《士虞》第六，《特牲》第七，《少牢》第八，《有司彻》第九，《乡饮酒》第十，《乡射》第十一，《燕礼》第十二，《大射》第十三，《聘礼》第十四，《公食》第十五，《觐礼》第十六，《丧服》第十七。而戴圣亦以《冠礼》、《昏礼》、《相见礼》相次为第一、第二、第三，其下则《乡饮》第四，《乡射》第五，《燕礼》第六，《大射》第七，《士虞》第八，《丧服》第九，《特牲》第十，《少牢》第十一，《有司彻》第十二，《士丧》第十三，《既夕》第十四，《聘礼》第十五，《公食》第十六，《觐礼》第十七。此经篇次第之不同也。戴德检《记》百三十一篇，合《明堂阴阳记》三十三篇，《孔子三朝记》七篇，《王史氏记》二十一篇，《乐记》二十三篇，为二百十四篇，取足以阐明经旨者，得八十五篇，谓之《大戴记》。而戴圣别删定四十九篇，谓之《小戴记》。《小戴记》传，而《大戴记》逸四十五篇，其存目自三十九篇始，无四十三、四十四、四十五、六十一四篇，有两七十四，然各本不同，或两七十三，或两七十二。其逸文往往见引他书，如班固《白虎通》引《礼谥法》、《王度记》、《三正记》、《别名记》、《亲属记》、《五帝记》，《少牢馈食礼》注引《禘于太庙礼》，《疏》云《大戴礼》文。《周礼》注引《王霸记》，蔡邕《明堂月令论》引《侣穆篇》，王充《论衡》引《瑞命篇》，应劭《风俗通》引《号谥记》，皆《大戴》逸篇也。亦有他书引《大戴》篇名与《小戴》同，而文绝异者，如《毛诗豳谱》正义引《大戴礼·文王世子》，《汉书·韦玄成传》引《祭义》，《王式传》称《骊驹之歌》在《曲礼》，服虔注云："在《大戴礼》。"《白虎通·畊桑篇》引《祭义》、《曾子问》，《情性篇》引《间传》，《崩薨篇》引《檀弓》、《王制》，许慎《五经异义》引《大戴·礼器》，《明堂月令论》引《檀弓》，唐皮日休有《补大戴礼祭法》，其文往往为《小戴记》所无。而《大戴记》存篇之与《小戴》同者，有《投壶》、《哀公问》两篇篇名同，《曾子大孝篇》见《小戴·祭义》，《诸侯衅庙篇》见《小戴·杂记》，《朝事篇》自"聘礼"至"诸侯附焉"见《小戴·聘义》，《本事篇》自"有恩有义"至"圣人因杀以制节"见《小戴·丧服四制》，其他篇目尚多同者。盖二戴于百三十一篇之记，各以意断取成书，故异同参差乃尔。后《隋书·经籍志》乃以为《小戴》四十六篇，删《大戴》之八十五篇者，妄也。由是《礼》有大戴、小戴、庆普之学。普授鲁夏侯敬，又传族子咸，为豫章太守。而大戴授琅玡徐良斿卿，为博士、州牧、郡守，家世传业。小戴授梁人桥仁季卿、杨荣子孙。仁为大鸿胪，著《礼记章句》四十九篇，家世传业，号曰桥君学。而荣为琅玡太守。由是大戴有徐氏，小戴有桥、杨氏之学。孝宣帝时，河内女子坏老屋，又得《逸礼古经》一篇，合河间王五十六篇为五十七。于是始立大小戴、庆氏三家礼。然考所谓三家礼者，盖三家受诸后苍所传经十七篇之礼，而《大小戴礼记》附十七篇不别出，《大小戴礼》非《大小戴礼记》，亦不以《逸礼古经》为胜十七篇而立学官也。及孝成帝时，光禄大夫刘向领校中五经秘书。向卒，王莽以大司马柄国，荐向之子歆宗室，有材行，以光禄大夫贵幸，复领五经，卒父前业，乃以为"《礼》古经者，出于鲁淹中及孔氏，与十七篇文相似，多三十九篇，及《明堂阴阳》、《王史氏记》所见，多天子诸侯卿大夫之制，虽不能备，犹瘉苍等推《士礼》而致于天子之说。"果若所言，则是《逸礼古经》之胜十七篇也。然十七篇古称《士礼》，其实不皆士礼。纯乎士礼者，惟《冠》、《昏》、《丧》、《相见》，若祭礼则《少牢馈食》、《有司彻》为大夫礼，《乡饮》、《射》，士大夫所通行，《燕礼》、《大射》、《聘礼》、《公食大夫》为诸侯礼，《觐礼》为诸侯见天子礼，并非专为士设，其通称"士礼"者，盖以《士冠》列首，遂并其下通称为士而不复分别耳。且士礼何为不可推而致于天子也？"自天子以至于士庶人，一是皆以修身为本。"孔子曰："吾观于乡而知王道之易易也。"则是孔子推士礼而致于天子之说也。鲁穆公之母卒，使人问于曾子曰："如之何？"对曰："申也闻诸申之父曰：'哭泣之哀，齐斩之情，饘粥之食，自天子达。'"则是曾子推士礼而致于天子之说也。《记》不云乎："礼也者，义之实也。协诸义而协，则礼虽先王未之有，可以义起也。"何不可推致之有？是故知父子之当亲也，则为礼醮祝字之文以达焉，其礼非《士冠》可赅也，而于《士冠》焉始之。知君臣之当义也，则为堂廉拜稽之文以达焉，其礼非《聘》、《觐》可赅也，而于《聘》、《觐》焉始之。知夫妇之当别也，则为笄次悦鞶之文以达焉，其礼非《士昏》可赅也，而于《士昏》焉始之。知长幼之当序也，则为盥洗酬酢之文以达焉，其礼非《乡饮酒》可赅也，而于《乡饮酒》始之。知朋友之当信也，则为雉腒奠授之文以达焉，其礼非《士相①见》可赅也，而于《士相见》焉始之。《记》曰："礼仪三百，威仪三千。"其事盖不仅父子、君臣、夫妇、长幼、朋友也，即其大者而推之，而百行举不外是矣；其篇亦不仅《士冠》、《聘》、《觐》、《士昏》、《乡饮酒》、《士相见》也，即其存者而推之，而五礼举不外是矣。斯则后苍推士礼而致于天子之说也，而刘歆非之，何也？歆既亲近，欲建立《左氏春秋》及《毛诗》、《古文尚书》与《逸礼》皆列于学官。哀帝令歆与五经博士讲论其义。诸博士或不肯置对，歆因移书太常博士，责让之，其言甚切，为群儒排弃。会哀帝崩，王莽持政，莽少与歆俱为黄门郎，重之，白起歆，累迁中垒校尉，典儒林史卜之官。征天下通一艺，教授十一人以上，及有《逸礼》、古《书》、《毛诗》、《周官》、《尔雅》等篇文字，通知其意者，皆诣公车，至者前后千数，皆令记说庭中，将令正乖缪，一异说。而歆尤以为《周官经》六篇者，周公致太平之迹，迹具在斯，足以佐王莽新政化者也，奏请立《周官经》以为《周礼》，置博士。然歆以前，《周官经》之不以礼名者，盖此

---

① 相，原作"和"，误。

书乃班朝治军、设官分职之书,而非专为礼设,正名之曰《周官经》,允符其实,奚以改为?然自是《周官经》之名废,而以《周礼》易之。一说:"'礼,经邦国,定社稷,叙人民,利后嗣。'《左氏》隐十一年《春秋传》。故曰:'道德仁义,非礼不成。教训正俗,非礼不备。分争辩讼,非礼不决。君臣、上下、父子、兄弟,非礼不定。宦学事师,非礼不亲。班朝治军,莅官行法,非礼威严不行。祷祠、祭祀、供给鬼神,非礼,不诚不庄。'《礼记·曲礼》。则礼者,典章之达称,而非仅就揖让周旋言之。'揖让周旋,是仪也,非礼也。'《左氏》昭二十五年《春秋传》。然则《周官经》之题礼也亦宜。"而王莽盗汉,立法布令,必以《周礼》为据焉。然《逸礼》卒不得立。世祖中兴,《礼》有大小戴博士,虽相传不绝,然未有显于儒林者。庆氏《礼》虽不得立,然撰集汉礼以制一代大典者,皆庆氏之徒也。初,鲁国曹充持庆氏礼,以博士从世祖巡狩岱宗,定封禅礼,还,受诏议立七郊、三雍、大射、养老礼仪。显宗即位,充上言:"汉再受命,仍有封禅之事,而礼乐崩阙,不可为后嗣法。五帝不相沿乐,三王不相袭礼。大汉当自制礼,以示百世。"帝召对,善其议,拜侍中,然事卒不行。子褒,字叔通①,少笃志,有大度,结发传充业,博雅疏通,尤好学礼。常憾朝廷制度未备,慕叔孙通为汉礼仪,而欲缵父之志,昼夜研精,沉吟专思,寝则怀抱笔札,行则诵习文书,当其念至,忘所之适。初举孝廉,再迁圉令,持德化,不立威刑,太守奏褒耎弱,罢官。征拜博士。会肃宗欲制定礼乐,褒上疏请定文制,著成汉礼。章下太常,太常巢堪以为②一世大典,非褒所定,不可许。帝知群寮拘挛,难与图始,朝廷礼宪,宜时刊立。褒复上疏,具陈礼乐之本,制改之意。遂拜侍中,从驾南巡,以事下三公,未及奏,诏召玄武司马班固,问改定礼制之宜。固曰:"京师诸儒,多能说礼,宜广招集,共议得失。"帝曰:"谚言:'作舍道边,三年不成。'会礼之家,名为聚讼,互生

---

① 通,原作"道",误。据《后汉书·曹褒传》改。
② 为,原作"冠",误。据《后汉书·曹褒传》改。

疑异,笔不得下。昔尧作《大章》,一夔足矣。"章和元年正月,乃召褒诣嘉德门,令小黄门持班固所上叔孙通《汉仪》十二篇,敕褒曰:"此制散略,多不合经。今宜依礼条正,使可施行。于南宫东观,尽心集作。"褒既受命,乃次序礼事,依准旧典,杂以五经谶记之文,撰次天子至于庶人冠婚吉凶终始制度,以为百五十篇,写以二尺四寸简,其年十二月奏上。帝以众论难一,故但纳之,不复令有司平奏。会帝崩,和帝即位,褒乃为作《章句》,帝遂以新礼二篇冠。擢褒监羽林左骑。后太尉张酺、尚书张敏等奏:"褒擅制汉礼,破乱圣术,宜加刑制。"帝虽寝其奏,而汉礼遂不行。然褒博物识古,父子礼宗,父充作《章句辨难》,而褒作《通义》十二篇、《演经杂论》百二十篇,又传《礼记》四十九篇,教授诸生千余人,庆氏学遂行于世。同时治庆氏学以为博士者,又有犍为董钧字文伯。世祖时,举孝廉,辟司徒府,博通古今,数言政事。显宗即位,为博士。时草创五郊祭祀及宗庙礼乐威仪章服,辄令钧参议,多见从用,当世称为通儒。累迁五官中郎将,常教授门生百余人,亦庆氏《礼》之名家也。初,董钧从大鸿胪王临受庆氏《礼》,而扶风贾徽从刘歆受《周官》。自歆之立《周官》,遭王莽败,兵革并起,疾疫丧荒,弟子死葬,徒有里人河南缑氏杜子春及徽尚在。徽子逵,字景伯,能传父业,又受业于杜子春。显宗之初,子春年且九十,家于南山,注《周官》,能通其读,颇识其说,逵与河南郑众仲师往受学焉。众父兴,字少赣,亦作《周礼解诂》。而众、逵传父师之学,洪雅博闻,又以经书记传相证明为解,逵解行于世,而郑兴父子之解不行。扶风马融季长兼揽众、逵二家,谓多遗阙,而众解近得实,因自力补之,谓之《周官传》,凡十二卷,见《隋书·经籍志》。自是《周礼》大行。然任城何休邵公犹斥《周礼》为六国阴谋之书。惟北海郑玄康成括囊大典,遍览群经,从东郡张恭祖受《周官》、《礼记》,既因涿郡卢植子幹事马融,融以《周官传》授玄,而玄于诸家解诂,独称"二郑者,兴、众父子。同宗之大儒,明理于典籍,粗识皇祖大经《周官》之义,存古字,发疑正读,亦信多善。徒寡且约,用不显传于世",乃因马融之传,而参取杜子春之注，郑兴、郑众、贾逵之解诂，网罗诸家，裁以己意，撰成《周官礼注》十二卷。而以《周官礼》传写古文，诸本违异，其注云"故书"者，谓初献于秘府所藏之本也，其民间传写不同者，则为今书。而正读之例，有云"读如"、"读若"者，拟其音以求其似也；有云"读为"、"读曰"者，就其音以易其字也；有云"当为"者，纠其误以正其字也。三例既定，而《周官礼》之大义乃可言矣。然《周官礼》古文学，而郑玄本习今文《小戴礼》之十七篇，后以《礼古经》之五十六篇校之，取其义长者，或从今文，则注云"古文某为某"，如《士冠礼》"阈①西阈外"句，注"古文阈为槷，阈为蹙"是也。或从古文，则注云"今文某为某"，如《士冠礼》醴辞"孝友时格"句，注"今文格为嘏"是也。又有为今文所无而为古文所有者，《士相见礼》"某将走见"，注"今文无走"；"凡执币者不趋容"，注"今文无容"，郑不用今而用古者，以其足于文义也。又有今古并存而复及他说者，《士冠礼》"章甫，殷道也"，注"甫或为父，今文为斧"；《乡饮酒礼》"遵者降席"，注"今文遵为僎，或为全②"是也。又有存古今文而即指其意之所在者，《士相见礼》"某不敢为仪，固请"，注"今文不为非，古文固以请也"；《聘礼》"上介奉币，先入门左"，注"古文重入"是也。凡此之类，盖汉人校雠之通例，而郑玄遵以注校十七篇焉。又以《小戴》十七篇次第，尊卑吉凶杂乱，舍之不从，而依刘向《别录》，以吉凶人神为次，盖据《记》云"吉凶异道，不得相干"，《荀子》云"吉事尚尊，丧事尚亲"，遂以《冠》、《昏》、《相见》、《乡饮》、《乡射》、《燕》、《大射》、《聘》、《公食大夫》、《觐礼》十篇为吉礼，居先，而《丧》、《祭》七篇为凶礼，居后焉，故名郑氏学，凡十七卷，盖一篇为一卷也。其注之发凡者数十事，如《士冠礼》注云："凡奠爵，将举者于右，不举者于左。""凡醴事③，质者用糟，文者用清④。""凡荐，出自东房。""凡

---

① 阈，原作"阃"，据《仪礼》改。
② 全，原作"金"，据《仪礼注疏》改。
③ 事，原作"士"，据《仪礼注疏》改。
④ 清，原作"济"，据《仪礼注疏》改。

牲,皆用左胖。"其余诸篇注,皆有发凡之事,此尤有功于学者,盖读礼者非籀绎有明,无以通其指也。玄又注小戴所传《礼记》四十九篇,通《仪礼》、《周官》为《三礼》,而撰《三礼目录》一卷、《三礼图》九卷,其中三卷则陈留阮谌士信,受学于綦毋君,取其说为图者也。于是《周官》之分经别出者,与礼合为一途,而《礼记》之附经不别出者,与经歧为二轨。汉以《经》十七篇立学,《曲台后苍》九篇以后,并无解义。杜、贾、二郑止解《周官》,马融解《周礼》,而十七篇止撰《丧服经传注》一卷,独郑玄遍注《三礼》。《周礼》多引杜子春、郑大夫、郑司农,前有所承,尚易为力,而《经》十七篇与《小戴礼记》四十九篇,未经人注解,前无所承,比注《周礼》为更难,而郑玄观其会通,独博学而详说之。然郑玄《三礼》之学,其宏通在此,其杂糅亦在此。夫《经》十七篇,礼家之今文学也。《周官》六篇,礼家之古文学也。《小戴礼记》四十九篇,非一手所成,或同今文,或同古文。《王制》多同《公羊》、《穀梁》、《冠义》、《昏义》、《乡饮酒义》、《射义》、《燕义》、《聘义》、《朝仪》、《丧服四制》、《问丧》、《祭仪》、《祭统》诸篇,皆《经》十七篇之传,为今文说;而《玉藻》为古《周礼》说,《曲礼》、《檀弓》、《杂记》为古《春秋左氏》说,《祭法》为古《国语》说,皆古文说,则今古学糅者也。而《王制》为今学礼宗,比之《周礼》为古文所宗云。然汉儒说《礼》,别今古文最严。何休解《公羊传》,据《逸礼》而不据《周官》,以《逸礼》虽属古文,不若《周官》之显然立异也。杜、贾、二郑解《周官》,皆不引博士说,以博士只立今文也。郑众注《大司徒》五等封地,皆即本经立说,不牵涉《王制》。独郑玄和同今古文两家说,疏通证明,以为周礼、夏、殷礼之分,而于不能合者,或且改易文字,展转求通,专门家法,至此变矣。若乃好引纬书,好改经字,宋儒所讥,固不足为汉儒病也。惟郑玄或据《周官》以疑《王制》,未尝引《王制》以驳《周官》,然则玄之议礼,殆以古文说为主者乎?涿郡卢植少与郑玄俱事马融,撰《三礼解诂》。会灵帝以蔡邕言立太学石经,正五经文字。植乃上书曰:"臣少从通儒故南郡太守马融受古学,颇知今之《礼记》特多回冗。臣前以《周礼》诸经,发起秕谬,敢率愚浅,为之解诂,而家乏,无力供缮写上。愿得将能书生二人,共诣东观,就官财粮,专心研精,合《尚书》章句,考《礼记》失得,庶裁定圣典,刊正碑文。"盖蔡邕①碑今文,而卢植学古文也。然植能通古今学,好研精而不守章句,明著《后汉书》本传。意者植之所学,当亦今古糅杂,与郑玄同道者也。惟玄注行世,而植解不行,独《礼记注》十卷,见《隋书·经籍志》。然植之注《礼记》,有与郑玄不同者,如郑玄以王制为夏、殷杂,而植以为汉法等是也。自是郑玄之学行而大小戴渐废。夫综会今古文,遍注《三礼》,使家法不分明,始于郑玄,而继以魏太常东海王肃子雍,兼并诸家,参合同异,成《周官礼注》十二卷、《礼注》十七卷、《礼记注》三十卷,见《隋书·经籍志》,虽佚不传,而每有见引他书者。惟肃善贾、马之学而不好郑玄,议礼必与相反。然郑玄择善而从,立说皆有所据,如说庙制,以为天子五庙,周合文、武二祧为七,本《丧服小记》"王者立四庙"、《礼纬稽命征》"唐虞五庙,夏四庙,至子孙五,殷五庙,至子孙六,周尊后稷、文、武则七",而肃乃数高祖之父、高祖之祖,与文、武而九,不知古无天子九庙之说。而肃说二祧,亦与祭法不合也。郑玄说"圜丘是禘喾配天",圜丘本《周官》,周人禘喾本《国语》、《祭法》,而肃乃谓郊丘,引董仲舒、刘向为据,不知董、刘皆未见《周官》,不知有圜丘,但言郊而不言禘,不足以难郑玄也。玄说"三年袷②,五年禘,袷大禘小",本于《春秋公羊经》书"有事为禘,各于其庙,大事为袷,群庙主悉升于太祖",而肃引《禘于太庙》、《逸礼》"昭尸穆尸,皆升合于太祖",不知郑玄以《公羊传》为正,《逸礼》不可用也。郑玄说五帝为五天帝,本《周官·司服》"祀昊天上帝,则服大裘而冕,祀五帝亦如之",五帝配南郊,祭用夏正月,故服大裘,若五人帝,则迎夏迎秋,不得服裘,又先郑注《掌次》云:"五帝,五色之帝",是郑玄义本先郑,而肃以为五人帝分主五行,然则

---

① 邕,原作"融"。
② 袷,原作"袷",误。

大皡、炎、黄之先，无司五行者乎？此与肃驳郑玄义，以为社稷专祀句龙、后稷，不祀土谷之神者，同一武断也。考王肃所据之书，郑玄岂有不见而不用者？当时去取，必自有说，而肃乃取郑玄所不用者，转以难玄。玄据今文，则以古文驳之，如据《逸礼》以驳《公羊》是也。玄据古文，则以今文驳之，如据董、刘以驳《周官》是也。不知汉儒礼家聚讼，今古文说不同，郑玄折衷其义，始乱家法，倘王肃有意攻玄，当返求之家法，分别今古，斯或可以制胜。乃肃之不别今古，任意牵合，殆尤甚于郑玄。如《王制》庙制今说，《祭法》庙制古说，此万不能合者，而肃伪撰《孔子家语》、《孔丛子》，所言庙制，合二书为一说。郑玄以为《祭法》周礼，《王制》夏、殷礼，尚有端绪可寻，至肃乃尽抉其藩篱，荡然无复门户，使学者愈以迷乱，不复能知古礼之异。而《家语》、《孔丛》举礼家聚讼莫决者，一托于孔子之言以为论定，不知礼家所以聚讼，正以去圣久远，无明文可据，是以石渠、虎观，至烦天子称制临决，若孔子之言如此彰灼，群言淆乱衷诸圣，尚何庸断断争辩乎？古人作注，发明大义而已。肃注《家语》，如五帝、七庙、郊丘之类，处处牵引攻郑之语，殊乖注书之体，而自发其作伪之覆。肃又作《圣证论》六十八事以讥短郑玄，今约存者三十事。礼之大者，即五帝、七庙、郊丘、禘祫、社稷之属，其余或文句小异，不关大义。然肃之所谓"圣证"者，即取证于《家语》、《孔丛》，徒以郑玄名高，非托于圣言，不足以夺其席，然而后之学者，卒目《家语》为肃之伪作，斯可谓心劳日拙者矣。乐安孙炎叔然受学郑玄之门，乃驳释《圣证论》以难王肃，而著有《礼记音义隐》七卷、《礼记注》三十卷。同时有郑小同者，玄之孙也，亦撰《礼义》四卷，具见《隋书·经籍志》，而皆不传。意必有所以申玄指而难王肃者。惟古礼最重丧服，《经》十七篇，独《丧服》子夏有传，故《丧服》又别为礼家专门之学。大戴有《丧服变除》一卷，见《唐书·艺文志》。《小戴礼记》四十九篇，有《曾子问》、《丧服小记》、《杂记》上下、《丧大记》、《丧服大记》、《奔丧》、《问丧》、《服问》、《间传》、《三年问》、《丧服四制》十一篇，皆属《丧服》，《檀弓》亦多言丧礼。《经》十七篇，马融独于《丧服》经传有注,而郑玄、王肃亦别出《丧服经传注》各一卷,见《隋书·经籍志》。《志》又著蜀丞相蒋琬撰《丧服要记》一卷,吴齐王傅射慈撰《丧服变除图》五卷,斯足与魏之王肃、孙炎、郑小同辈,骈称三国之礼家者焉。晋武帝,王肃外孙,郊庙典礼皆从肃说,而郑氏学几废。迨元帝渡江,太常荀崧请置郑《仪礼》博士,即十七篇之郑氏学也。《仪礼》之名始此,汉以前无之也。爰从晋、宋,逮于陈氏,传礼业者,《小戴礼记》尤盛,《周礼》次之,而《仪礼》独盛《丧服》,其著录《隋书·经籍志》者:晋有给事中袁准撰《丧服经传注》一卷,庐陵太守孔伦《集注丧服经传》一卷,陈铨撰《丧服经传注》一卷,征南将军杜预撰《丧服要集》二卷,侍中刘逵撰《丧服要集》二卷,太保卫瓘撰《丧服仪》一卷,司空贺循撰《丧服要》六卷、《丧服要记》十卷、《丧服谱》一卷,刘德明撰《丧服要问》六卷,太学博士环济撰《丧服要略》一卷,徐氏撰《丧服制要》一卷,开府仪同三司蔡谟撰《丧服谱》一卷,散骑常侍葛洪撰《丧服变除》一卷;宋有大中大夫裴松之《集注丧服经传》二卷,通直郎雷次宗《略注丧服经传》一卷,丞相谘议参军蔡超宗《集注丧服经传》一卷,征士刘道拔撰《丧服经传注》一卷,员外郎散骑庾蔚之撰《丧服》三十一卷、《贺循丧服要记注》十卷、《丧服世要》一卷,张耀撰《丧服要问》二卷,崔凯撰《丧服难问》六卷,伊氏撰《丧服杂记》二十卷,孔智撰《丧服释疑》二十卷,抚军司马费沈撰《丧服集议》十卷;齐有东平太守田僧绍《集解丧服经传》二卷,散骑郎司马瑒[①]撰《丧服经传义疏》五卷,给事中楼幼瑜撰《丧服经传义疏》二卷,步兵校尉刘瓛撰《丧服经传义疏》一卷,征士沈麟士撰《丧服经传义疏》一卷,太尉王俭撰《丧服古今集记》三卷、《丧服图》一卷,光禄大夫王逸撰《丧服世行要记》十卷,袁祈撰《丧服答要难》一卷,王氏撰《丧服记》十卷,严氏撰《丧服五要》一卷,卜氏撰《驳丧服经传》一卷,樊氏撰《丧服疑问》一卷,贺游撰《丧服图》一卷,崔逸撰《丧服图》一卷;梁有步兵校尉五经

---

① 瑒,原作"瓛",据《隋书》改。

博士贺玚撰《丧服义疏》二卷,尚书左丞何佟之撰《丧服经传义疏》一卷,通直郎裴子野撰《丧服传》一卷,国子助教皇侃撰《丧服文句义疏》十卷、《丧服问答目》十三卷;陈有国子祭酒谢峤撰《丧服义》十卷,大将军袁宪撰《丧服假宁制》三卷、《丧礼五服》七卷,王隆伯撰《论丧服决》一卷。凡二百十九卷,皆明《丧服》者也。《周礼》则有晋之乐安王师伊说《周官礼注》十二卷,散骑常侍干宝注《周官礼》十二卷,燕王师王懋约《周官宁朔新书》八卷,司空长史陈邵《周官礼异同评》十二卷,散骑常侍虞喜撰集孙琦问干宝驳《周官驳难》三卷,孙略《周官礼驳难》四卷,梁之桂州刺史崔灵恩《集注周官礼》二十卷,五经博士沈重《周官礼义疏》四十卷。凡百有七卷,视十七篇之《丧服》杀矣。《礼记》则有晋之燕王师王懋约《礼记宁朔新书》八卷,开府仪同三司蔡谟、安北谘议参军曹耽、国子助教尹毅、李轨、员外郎范宣《礼记音》各二卷,骁骑将军徐邈《礼记音》三卷,刘昌宗《礼记音》五卷;宋之奉朝请业遵《礼记注》二十卷,中散大夫徐爰《礼记音》二卷,豫章郡丞雷肃之《礼记义疏》三卷,散骑常侍戴颙《礼记中庸传》二卷;齐之给事中楼幼瑜《礼记撖遗别记》一卷;梁武帝之撰《礼记大义》十卷、《中庸讲疏》一卷,步兵校尉五经博士贺玚之《礼记新义疏》二十卷,国子助教皇侃之《礼记义疏》九十九卷、《礼记讲疏》四十八卷,五经博士沈重之《礼记义疏》四十卷,秘书学士褚晖之《礼记文外大义》二卷,何氏之《礼记义》十卷,庾氏之《礼记略解》十卷,刘①隽之《礼记评》十一卷。凡二百九十七卷,而姓名失考者尚略不著,于《三礼》之中,尤为夥颐沈沈者也。梁桂州刺史崔灵恩撰《三礼义宗》三十卷,征士陶弘景撰《三礼目录注》一卷,秘书学士褚晖撰《三礼疏》一百卷,斯又囊括大典而观其会通者。论者徒以为南朝好清谈,士习祖尚玄虚,而孰知殚心礼学,若是之精详哉。斯所以期功去官,犹遵古礼;除服宴客,辄罥弹章也。北朝自魏末大儒华阴徐遵明子判门下讲郑玄《三礼》,传业于渤

---

① 刘,原作"创",据《隋书》改。

海李铉宝鼎、中山冯伟伟节、纪显敬、吕黄龙、夏怀敬、祖俊、田元凤。而铉撰有《三礼义疏》，传业饶安刁柔子瑶，河间邢峙士峻，渤海刘昼、孔昭，长乐熊安生植之，平原张买奴，渤海鲍季详，独安生最为显学。安生初从房纠受《周礼》，后乃事铉，遂博通五经，然专以《三礼》教授，弟子自远方至者千余人，乃讨论图纬，捃摭异闻，先儒所未悟者皆发明之，撰《周礼义疏》二十卷、《礼记义疏》三十卷。其后生能通礼经者，多是安生门人，诸生尽通《小戴礼记》，于《周礼》《仪礼》兼通者十二三，而传《大戴礼记》而为之解诂者，仅周太学博士卢辨一家而已。《仪礼》章疏则有二家，信都黄庆，齐之盛德；李孟悊者，称隋硕儒焉。自王肃与郑玄立异，久而论定，六朝南北学《三礼》，一宗郑氏，而为义疏者，倘以《小戴礼》而论，奚啻数百家。然唐有天下，国子祭酒孔颖达奉诏撰定《礼记正义》六十三卷，序称："南学惟见皇侃，北学惟见熊安生，而皇侃为胜。据以为本，其有不备，则以熊氏补焉。惟熊则违背本经，多引外义，犹之楚而北行，马虽疾而去愈远。又欲释经文，惟聚难义，犹治丝而棼之，手虽繁而丝益乱也。皇氏虽章句详正，微稍繁广，又既遵郑氏，乃时乖郑义，此是木落不归其本，狐死不首其丘。此皆二家之弊，未为得也。"自以为后来居上，虽立说务伸郑注，不免附会。然采摭旧文，词当理博，有因《记》一二语而作疏至数千言者，如《王制》"制三公一命"云云，《疏》四千余字；"比年一小聘"云云，《疏》二千余字；《月令》《郊特牲》篇题，《疏》皆三千余字，其余一千余字者尤多，元元本本，贯通群经，譬诸依山铸铜，烧海为盐，说礼之家，有钻研莫尽者焉。然颖达之于郑《礼》，仅疏《记》注。高宗之世，太学博士贾公彦据晋陈邵《周官礼异同评》、梁沈重《周官礼义疏》撰定《周礼注疏》四十二卷，虽颇引纬书，与郑同讥，然《疏》不破注，义例则然，而发挥郑学，信称博而能核者焉。然《周礼疏》者，尚有多门，择善而从，借手为易，而《仪礼》章疏，只齐黄庆、隋李孟悊二家而已。然贾公彦撰定《仪礼注疏》十七卷，序称："庆则举大略小，经注疏漏，犹登山远望而近不知；悊则举小略大，经注稍周，似入室近观而远不察。二家之疏,互有修短。今以先儒失路,后宜易途,故悉鄙情,聊裁此疏。"
是创制起例,阐扬郑指,尤有倍难于《周礼》者焉。夫《三礼》以郑玄为
宗,而《仪礼》尤以郑玄为绝学。注文古奥,得疏乃明,抉发途径,首在
发凡。有郑注发凡,而公彦疏辨同异者;有郑注不云凡,而与发凡无
异,由疏申明为凡例者;有郑注不发凡,而疏发凡者;有经是变例,郑
注发凡而疏申明之者;有经是变例,注不发凡而疏发凡者;有疏不云
凡,而无异发凡者。注精而简,疏详而密,分析常变,究其因由,千余
年来,议礼者奉为依归。后来著述,皆此书之支流而已。初,太宗之
世,谏议大夫检校侍中曲城魏徵玄成以《小戴礼记》综汇不伦,更作
《类礼》二十篇,采诸儒训注,数年而成。太宗美其书,诏曰:"以类相
从,别为篇第,并更注解,文义粲然。"录置内府。迄玄宗时,魏光乘请
用魏徵《类礼》列于经。帝命左散骑常侍元行冲与诸儒集义作疏,将
立之学,乃引国子博士范行恭、四门助教施敬本采获刊缀,为五十篇,
上于官。使此书得行,则是唐代之于《礼记》,独出魏注之《类礼》元疏
一本,创前古之未有,将郑注之《戴记》孔疏,不得擅美千古矣。于是
右丞相张说建言:"戴圣所录,向已千载,与经并立,不可罢。魏孙炎
始因旧书,摘类相比,有如抄掇,诸儒共非之。至徵更加整次,乃为训
注,恐不可用。"帝然之。自是元疏之魏注《类礼》不出,而孔疏之郑注
《戴记》行。顾元行冲终以为郑注《戴记》不如魏注《类礼》,著论自辨,
名曰《释疑》。大指谓:"《小戴礼》行于汉末,马融为传,卢植合四十九
篇而为之解,世所不传。钩党狱起,康成于窜伏之中,理纷挐之典,虽
存探究①,咨谋靡所。具《郑志》者百有余科,章句之徒,曾不是省。
王肃因之,或多攻诋。而郑学有孙炎,虽扶郑义,条例支分,箴石间
起,增革百篇。魏氏病群言之冗腥,采众说之精简,刊正芟荟,书毕以
闻,太宗嘉赏,录赐储贰。陛下纂业,宜所循袭,乃制诸儒,甄分旧义。

———————

① 究,原作"空",据《新唐书·元澹传》改。

岂悟章句之士,坚持昔言,摈压①不伸,疑于知新,果于仍故。然物极则变,比及百年,当有明哲君子,恨不与吾同世者。"今孙炎《礼记注》三十卷不传,而证以张说、元行冲之言,则是孙注条例支分,已以类比,而魏注《类礼》,特整次孙注而刊其冗胜尔。然孔颖达《礼记正义》每篇引郑玄《目录》,云此于《别录》属某某,如《曲礼》、《王制》、《礼器》、《少仪》、《深衣》属制度,《檀弓》、《礼运》、《玉藻》、《大传》、《学记》、《经解》、《哀公问》、《仲尼燕居》、《孔子闲居》、《坊记》、《中庸》、《表记》、《缁衣》、《儒行》、《大学》属通论,《月令》、《明堂位》属明堂阴阳,《曾子问》、《丧服小记》、《杂记》、《丧服大记》、《奔丧》、《问丧》、《服问》、《间传》、《三年问》、《丧服四制》属丧服,《文王世子》属世子法,《内则》属子法,《郊特牲》、《祭法》、《祭义》、《祭统》属祭祀,《乐记》属乐,《投壶》、《冠义》、《昏义》、《乡饮酒义》、《燕义》、《聘义》属吉事。《别录》者,刘向书也。则是《礼记》之分类,固不始于孙炎、魏徵矣,何张说独议魏徵哉? 然魏徵《类礼》卒以张说之言不行。论者谓《戴记》不废,张说固有存古之功;而《类礼》不行,说亦不无泥古之失焉。迨唐中叶,昌黎韩愈退之,一代文雄,然读《仪礼》而苦其难,于是掇其大要,奇辞奥旨著于篇,俾学者可观焉。既唐氏失祚,降为五代,周世宗诏国子司业聂崇义参定郊庙祭玉,因取《三礼旧图》凡六本,重加考订,成《三礼图集注》二十卷,题曰"集注",盖兼采六图,不主一家也。宋初上于朝。太祖览而嘉之,遂诏国学图于先圣殿北轩之屋壁焉。考礼图始于汉郑玄、阮谌,《隋书·经籍志》列郑玄及后汉侍中阮谌等撰《三礼图》九卷是也。其后可考见者,《唐书·艺文志》有夏侯伏朗《三礼图》十二卷、张镒《三礼图》九卷,《崇文总目》有梁正《三礼图》九卷。《宋史》载史部尚书张昭等奏云:"《四部书目》内有《三礼图》十二卷,是开皇中敕礼部修撰。其图第一、第二题云梁氏,第十后题云郑氏。今书府有《三礼图》,亦题梁氏、郑氏。"四家与郑、阮《图》并不传。

---

① 压,原作"厌",据《新唐书·元澹传》改。

意聂崇义所据《三礼旧图》六本者,盖郑玄一,阮谌二,夏侯伏朗三,张镒四,梁正五,开皇敕撰六也。然勘验崇义书之宫室车服等图,与郑注多相违异。欧阳修《集古录》讥其簠图与刘原父所得真古簠不同,朱子亦讥其丑怪不经非古制,是宋代诸儒,亦不以所图为然。然其书搜采诸家,具有来历,当不尽出杜撰也。梁正题阮谌《图》,讥其不案礼文,而引汉事,与郑君之文违错,正不必以违异郑注独讥聂崇义此图矣。自唐之孔颖达、贾公彦疏章郑注以成《三礼正义》,而礼学久定一宗。顾宋儒好创新解,故相违异,而始作之俑者,当推临川王安石介甫。贾公彦以前,说《周礼》者明典制;王安石而后,说《周礼》者阐义理。神宗时,诏置经义局,撰《书》、《诗》、《周礼》三经义,皆本王安石说。惟《书》、《诗》皆出其子雱元泽及诸门弟子手,独《新经周礼义》二十二卷,出安石自为。虽训诂多病穿凿,然依经诠义,如所解八则之治都鄙、八统之驭万民、九两之系邦国者,皆具有发明。后来儒者或訾安石以周礼坏宋,而于是书终不废采用也。《新经》既行,诵习者夥,然而阐明其说,著书传后者,仅见福州陈祥道用之之《礼书》一百五十卷及王昭禹之《周礼详解》四十卷二家而已。祥道之书,贯通经传,论辨精博,缕析①条分,间以绘图,唐代诸儒之论,并世聂崇义之图,或正其失,或补其阙,惟掊击郑注,或来訾议。然祥道本王安石之徒,安石说经,既创造新义,务异先儒,然则祥道之排斥旧说,故是师法然尔,何有于郑注哉?至王昭禹未详何人,而撰《周礼详解》,训诂皆用王安石,倘亦安石之徒?然其阐明经义,推究得失,则有不尽同于安石之学,而足订《注疏》所未逮者。既长乐杨时中立撰《周礼辨疑》一卷,则攻安石之《周礼新经义》者也。南渡后,临川俞廷椿②寿翁撰《周礼复古编》一卷,大指谓五官所属,皆六十,不得有羡,其羡者皆取以补《冬官》,凿空臆断,殊嫌无据。然自是说《周官礼》者遂有

---

① 析,原作"悉",据文意改。
② 椿,原作"楮",据《宋史》改。

《冬官》不亡之一派，斯可特笔也。初，神宗相王安石，尊《周官礼》，而《仪礼》罢废，学者不复诵习。迄南渡，孝宗之世，两浙转运判官直秘阁曾逮始刊《仪礼郑氏注》十七卷，陆德明《释文》一卷，冠以《目录》一卷，载大小戴、刘向篇第异同，而永嘉张淳忠甫实为之校定，撰《仪礼识误》三卷，其所引据，有周广顺三年及显德六年刊行之监本，有汴京之巾箱本，有杭之细字本，严之重刊巾箱本，参以陆德明《释文》、贾公彦《疏》，核订异同，最为详审。惟株守《释文》，往往以习俗相沿之字，转改六书正体，此实不能无蔽。然是书存，而古经汉注之讹文脱句，借以考识，旧椠诸本之不传于今，亦借以得见崖略，其有功于《仪礼》，诚非浅鲜也。自是《仪礼》之学渐盛。而庐陵李如圭宝之撰《仪礼集释》三十卷，一宗郑注，而旁征博引以为之释，出入经传，多发贾公彦《疏》所未备，而别出《纲目》一卷，以明章句之旨，又为《释宫》一卷，以考宫室之制，而《释宫》之作，尤为礼家之所不可缺。何者？盖古者宫室皆有定制，历代屡更，渐非其旧，如序、楹、楣、阿、箱、夹、牖、户、当荣、当碑之属，读《仪礼》者倘不能备知其处，则于陈设之地，进退之位，俱不能知，甚或以后世之规模，臆测先王之度数。而如圭是书，仿《尔雅·释宫》，条分胪序，各引经记注疏，参考证明，如据《顾命》东西序、东西夹、东西房之文，证寝庙之制，异于明堂，而不用孔《疏》引《郑志》成王崩在镐京，宫室因文、武不改作，故制同诸侯之说；又如大夫士东房西室之说，虽仍旧注，而据《聘礼》"宾馆于大夫士"，证其亦有右房，据《乡饮酒》及《少牢馈食》证大夫士亦有左房东房之称，与天子诸侯言左对右、言东对西者同。其辨析详明，深得经意，发先儒之所未发，大率类此。信可为治《仪礼》者之圭臬也。朱子尝与如圭校定礼书，而谓"《仪礼》者，礼之根本。《礼记》本秦、汉诸儒解释《仪礼》之书，须与《仪礼》参通，修作一书"，因撰《仪礼经传通解》三十七卷，凡《家礼》五卷、《乡礼》三卷、《学礼》十一卷、《邦国礼》四卷，共二十三卷，为四十二篇，中阙《书数》一篇，《大射》至《诸侯相朝》八篇，尚未脱稿，其卷二十四至卷三十七，凡十八篇，则仍前草创之本，是为《王朝礼》,中阙《卜筮》一篇,目录《践阼》第三十一以后序说并阙,盖未成之本也。其书以《仪礼》为主,而取大、小戴《礼记》及他书传所载系于礼者附入之。惟所载《仪礼》诸篇,咸非旧次,亦颇有所厘析,或者不免割裂古经之讥。然自王安石废罢《仪礼》,独存《礼记》,朱子纠其弃经任传,遗本宗末,于是解记附经,撰成是书。《答应仁仲书》曰:"前贤常患《仪礼》难读。以今观之,只是经不分章,记不随经,而注、疏各为一书,故使读者不能遽晓。今定此本,尽去诸①弊,恨不得令韩文公见之也。"观其分章表目,开卷了然,倘亦考礼者所不废乎?惟《丧》、《祭》二礼未及伦次,则以属其女夫长乐黄幹直卿。幹草创就质,喜曰:"君所立丧祭礼规模甚善。"则是朱子之与幹者深也。然幹仅成《丧礼》十五卷,其《祭礼》则未及订定而卒。福州杨复信斋者,亦朱子门人,而幹之修《祭礼》也,尝邀复参订焉,遂据稿本,参以所闻,续成其书,凡十四卷,并幹成《丧礼》为《续仪礼经传通解》二十九卷,今自卷十六至卷二十九,皆复所修也。虽续解不出朱子,而端绪相因,规模不异,古礼之梗概节目,亦大略具是矣。初,建德赵彦肃子钦作《特牲》、《少牢》二礼图,质于朱子。朱子曰:"更得冠昏图及堂室制度并考之,乃佳。"于是杨复原本师意,录十七篇经文,节取旧说,疏通其意,各详其仪节陈设之方位,系之于图,凡二百有五,曰《仪礼图》。又分宫庙门、冕牟门、牲鼎礼器门,为图二十有五,名《仪礼旁通图》,附于后。其于是经,可谓用心勤挚矣。惟是读《仪礼》者,必明于古人宫室之制,然后所陈所位,揖让进退,不失其方,故李如圭《仪礼集释》、朱子《仪礼经传通解》皆特出《释宫》一篇以总挈大纲,使众目皆有所丽。而复是书,独废此一门,但随事立图,或纵或横,既无定向,或左或右,仅列一隅,遂似满屋散钱,纷无条贯。其见于宫庙门者,仅止七图,而远近广狭,亦未分明。然其余诸图,尚皆依经绘象,约举大端,而于议礼考文尚不无裨补。此南宋诸儒之治《仪礼》者也。考南宋诸

---

① 诸,原作"诣",误。

儒之治《礼记》者，莫善于吴郡卫湜正叔，撰《礼记集说》一百五十卷，自序言"日编月削，几二十余载"，故采撫群言，最为赅博，去取亦最为精审。其后序云："他人著书，惟恐不出于己。予之此编，惟恐不出于人。后有达者，毋袭此编所已言，没前人之善也。"则甚矣其用心之厚，可特表而出之者也。自郑注而下，所取凡一百四十家。其他书之涉于《礼记》者，所采录不在此数也。今自郑注、孔疏而外，原书无一存者，可谓《礼记》注家之搜采极博者也。时乐清王与之次点撰《周礼订义》八十卷，采旧说五十一家，亦称极博，然唐以前，仅杜子春、郑兴、郑众、郑玄、崔灵恩、贾公彦等六家，其自刘敞以下四十五家，则皆宋人，凡文集、语录，无不搜采，盖以当代诸儒为主，古义特附存而已。冠以浦城真德秀西山序称："郑、贾诸儒，析名物，辨制度，不为无功，而圣人微旨，终莫之睹。惟洛之程氏，关中之张氏，独得圣经精微之蕴。永嘉王君，其学本于程、张。"盖以义理为本，典制为末，故所取宋人独多矣。其注《考工记》，据古文《尚书》《周官》司空之职，谓《冬官》未尝亡，则袭俞廷椿之说。惟是四十五家之书，十佚八九，仅借与之是编以传，虽贵近贱远，不及卫湜《礼记集说》之多存古义，而搜罗宏富，要亦湜之亚矣。此宋儒礼注之宏博者也。若乃根据《注疏》，义取简约，厥有临邛魏了翁鹤山之《仪礼要义》五十卷，赣州朱申继显之《周礼句解》十二卷。了翁之书，为《九经要义》之一，于每篇各为条目，而节取《注疏》，录于下方，与《周易》、《尚书》要义略同，盖其著书本例如是也。夫《仪礼》于诸经为难读，而郑注古奥不易通，贾《疏》文繁句复，虽详赡而伤芜蔓，端绪不明。今了翁删繁取要，分胪纲目，条理秩然，使品节度数之辨，不复以辞义缪辐为病，斯足为初学之津梁也。申之《句解》，大略逐句诠释，裁约《注疏》而申以己见，其间有力主《注疏》而曲为引证者，然亦有与《注疏》异者，至于《注疏》之疑不能决者，则从多闻阙疑之例，诚慎之也。然宁乡易祓彦章撰《周官总义》三十卷，则直研索经文，断以己意，与《注疏》不嫌异同，虽持论互有短长，要皆以经释经，不为凿空，而于《职方氏》之地理山川，考证尤详，斯又词必己出，不蹈前人者也。南宋入元，而礼家胥出南人，盖仍宋学也。最著者崇仁吴澄草庐，掇拾逸经，以补《仪礼》之遗，撰《仪礼逸经传》二卷，凡经八篇，曰《投壶礼》，曰《奔丧礼》，取之《礼记》；曰《公冠礼》，曰《诸侯迁庙礼》，曰《诸侯衅庙礼》，取之《大戴礼记》而以《小戴礼记》相参定；曰《中霤礼》，曰《禘于太庙礼》，曰《王居明堂礼》，取之郑康成《三礼注》所引《逸礼》。编次先后，皆依行礼之节次，不尽从其原文，盖仿朱子《仪礼经传通解》之例。其引二戴《记》，著所出，郑注不著所出。惟郑注《三礼》曾引之《天子巡狩礼》、《烝尝礼》、《军礼》、《朝贡礼》、《逸奔丧礼》皆未见采，而《中霤礼》、《禘于太庙礼》、《王居明堂礼》之见引郑注，未采澄书者亦不少。至《传》十篇，则皆取之二戴《记》，曰《冠仪》，曰《昏仪》，曰《士相见仪》，曰《乡饮酒仪》，曰《乡射仪》，曰《燕仪》，曰《大射仪》，曰《聘仪》，曰《公食大夫仪》，曰《朝事仪》。其《乡射仪》、《大射仪》取《礼记·射义篇》所陈天子诸侯卿大夫之射，厘之为二；其《士相见》、《公食大夫》二仪，则取宋刘敞之所补。然敞拟《记》而作者，尚有《投壶仪》一篇，亦见敞所著《公是集》，而澄遗焉，则亦不免多所疏漏。然较之祁门汪克宽德辅所撰之《经礼补逸》，则条例精密多矣。克宽之《经礼补逸》九卷，盖取《仪礼》、《周官》、大小戴《记》、《春秋三传》以及诸经之文，有涉于礼者，以吉、凶、军、宾、嘉五礼统之，《吉礼》之目六十有八，《凶礼》之目五十有七，《军礼》之目二十有五，《宾礼》之目十有三，《嘉礼》之目二十有一，而以《礼经附说》终焉。然克宽究心道学，于礼家度数，非所深求，于著书体例，亦不甚讲，如每条必标出典是矣，乃一类之中，条条连缀书之，合为一篇，文相属而语不属，遂致参差无绪。又此书实考典文，非考故事，乃多载春秋失礼之事，系以论说，杂列古制之中，卷页虽视澄书为增，而精实则远逊澄焉。澄之撰《礼记纂言》也，其书三十六卷，每一卷为一篇，大致以《戴记》经文庞杂，疑多错简，故每一篇中，其文皆以类相从，俾上下文意义联属贯通，而识其章句于左。其三十六篇次第，亦以类相从。凡《通礼》九篇，《丧礼》十一篇，《祭礼》四篇，《通论》

十一篇,各为标目,如《通礼》首《曲礼》,则以《少仪》、《玉藻》篇附之,皆非《小戴》之旧,盖刘向《别录》、魏徵《类礼》之嗣响也。他如《大学》、《中庸》,依宋儒别隶《四书》,而《投壶》、《奔丧》归于《仪礼》,《冠义》等六篇,别辑为《仪礼传》,胥以隶于《仪礼逸经传》之内焉。倘亦张皇补苴,有裨礼经者乎?若乃疏解《三礼》,继往开来,厥有豫章毛应龙介石之《周官集传》十六卷,长乐敖继公君善之《仪礼集说》十七卷,都昌陈澔可大之《礼记集说》十卷,大抵好为臆谈,不本古义,三家之所同蔽。而度长絜短,当以敖继公《仪礼集说》为善。其自序称:"郑康成注疵多而醇少,删其不合于经者。意义有未足,则取《疏》或先儒之说以补之,又未足,则附以一得之见。"又疑《丧服传》违背经义,非子夏作,皆未免宋儒师心之余习。然于郑注之中,录其所取,而不攻驳所不取,无吹毛素垢、百计求胜之心。盖继公于礼,所得颇深,其不合于旧说者,不过所见不同,各自抒其心得,初非矫激以争名,故与目未睹《注疏》之面而随声佐斗者有不同也。且郑注简约,又多古语,贾公彦《疏》尚未能一一申明,继公独逐字研求,务畅厥旨,实能有所发挥,则亦不病其异同矣。毛应龙之《周官集传》,胶执旧文,疏于考核,不如敖继公《仪礼》之能疏通证明,然诸家训释,引据颇博,而于冕服车旗之度,庙祧昭穆之制,司尊彝之六尊六彝,司几筵之五几五席,方弓义弓之异名,正岁正月之并用,条例引证,颇为明晰,宋以来诸家散佚之说,尚因是以存崖略,其搜辑之功,尤不可没也。至陈澔之《礼记集说》,其详明者,皆袭自郑注,其简略者,即自以意为删改,不知礼制当有根据,礼意当有发明,而笺释字句,循文为诂,用为蒙训则有余,求以经术斯不足,要视敖继公之《仪礼》、毛应龙之《周礼》尤为卑之无甚高论者矣。初,仁宗制定科举,虽罢《仪礼》、《周礼》,不以试士,独用《礼记》,然《礼记》则专用古注疏,盖其时老师宿儒,犹有存者,知礼不可以空言解也。澔之《集说》,徒托空言,而成书则在仁宗制科举之后,本不为议礼者所重,徒以礼文奥赜,诵读为难,因其疏解,得知门径,斯以为便蒙之读本耳,讵意明纂元祚,遂定《礼记》用澔说。而成祖命行在翰林院学士胡广等修《五经大全》，其中《礼记》三十卷，一以澨说为宗，用以取士，遂诵习相沿。而不知用《注疏》，则《集说》之精华毕出；用《集说》，则昔贤之训诂半沦。此固澨始愿所不及也。夫说《礼记》者，汉、唐莫善于郑、孔，而郑注简奥，孔疏典赡，皆不似澨说之浅显。宋儒莫详于卫湜，而卷帙繁富，亦不似澨说之简易。又南宋以来，朱子之学大行，而澨父大猷师余干饶鲁，鲁师黄幹，而幹为朱子之婿，遂借朱学之旗鼓，独列学官而成礼家不刊之书焉。自是《礼记》之陈澨《集说》行，而郑注、孔疏废。《三礼》之在有明，几为绝学。《礼记》既古义荡然，而《仪礼》束阁无人问，独《周礼》差多习者。然《周礼》一书，得郑注而训诂明，得贾《疏》而名物制度考究大备，虽有疏舛，要非宋、元诸儒望文凿空者所得置辞也。宋儒周、程、张、朱自度征实之学，必不能出汉、唐上，故虽盛称《周礼》，而皆无笺注之专书。其传于今者，王安石、王昭禹始推寻于文句之间，而自俞廷椿以后，多骋臆见，窜乱五官以补《冬官》之亡，经遂破裂不完。朱申以后，又苟趋简易，以《叙官》为无用而删之，经遂有目无纲。沿及明代，弥逐颓波，又空疏不事考据而推论义理，于是考证之学，渐变为论辨之学。其可考见者，如山阴季本明德之《读礼疑图》六卷，归安唐枢惟镇之《周礼因论》一卷，昆山王应电昭明之《周礼传》十卷、《翼传》二卷、《图说》二卷，德清沈瑶林珍之《周礼发明》一卷，大抵议论多而考证少。至广昌何乔新廷秀之《周礼集注》七卷、进贤舒芬国裳之《周礼定本》四卷、长兴陈深子渊之《周礼训隽》二十卷、长乐柯尚迁之《周礼全经释原》十四卷、休宁金瑶德温之《周礼述注》六卷、丰城徐即登匡岳之《周礼说》十四卷、京山郝敬仲舆之《周礼完解》十二卷、莆田郭良翰道宪之《周礼古本订注》六卷，则又承讹袭谬，窜乱古经，而宗宋俞廷椿《冬官》不亡之说者也。郑注、贾疏亦几几乎从祧矣。独昆山王志长平仲于神宗之世，撰《周礼注疏删翼》三十卷，一以郑注、贾疏为主。谓之删者，以其书多刊削郑注、贾疏之繁文也。又杂引诸家之说以发明其义，故谓之翼。虽多采宋以后说，不免浮文妨要，而能以

《注疏》为根柢，尚变而不离其宗者也。又篇第一遵旧次，不为窜乱，亦为力遏横流。在经学荒芜之日，临深为高，可谓研心古义者矣。既让清代兴，礼学重光，而首开风气，驱除先路者，厥推济阳张尔歧稷若、鄞县万斯大充宗，皆明之遗献也。初，尔歧之父曰廷鸾者，自以家藏宋景德中官本《仪礼疏》，正经注语，皆标起止，而疏文列其下，因以明国子监刊本附益，手自点校，并取朱子与黄幹、杨复所次，成《仪礼郑注句读》十七卷，附《监本正误》、《石经正误》二卷。其书全录《仪礼》郑注，摘取贾疏，而略以己意断之，于字句同异，考证极详。所校除监本外，则有唐开成石经本、元吴澄本，及陆德明《音义》、朱子师弟《经传通解》诸家，其谬误脱落，衍羡颠倒，经注混淆之处，皆参考得实，又以监本十三经《仪礼》脱误尤多，而西安王尧惠刻石经补字，亦有舛错，乃为一一驳正，而因其文之古奥难通也，故并为之句读。盖《仪礼》一经，自唐韩愈已苦难读，故习者愈少，传刻之讹愈甚。尔歧兹编，于学者可谓有功矣。昆山顾炎武亭林于友朋严于推许，独为人称尔歧《仪礼郑注句读》一书，根本先儒，立言简当，而惜其不求闻达，无当时之名，作《广师篇》曰："独精《三礼》，卓然经师，吾不如张稷若。"推挹甚至，不徒然也。至斯大以《三礼》名当世，不同尔歧之阒然隐沦，传者称"斯大排纂说礼之言，较卫湜为尤博，湜无所折衷，而斯大则批却导窾，言之了了，为书三百卷"，惜其不见，而别出者四书：曰《周官辨非》一卷，大旨病其官冗而赋重，历引诸经之相牴牾者，以力攻其伪也；曰《仪礼商》二卷，则取《仪礼》十七篇，篇为之说者也；曰《学礼质疑》二卷，盖读礼有不安者，以志疑也；曰《礼记偶笺》三卷，则与《学礼质疑》相为表里者。大抵好出新义，勇于师心，读者或喜其覃思，而亦嫌其自用。然斯大学本淹通，用思尤锐，其合处往往发明前人所未发，如《仪礼商》之辨治朝无堂，《学礼质疑》之辨商、周改月改时，周诗周正，兄弟同昭穆，及宗法十余篇，推阐皆极精确，置其非而存其是，亦未始非一家之学也。然好骋独见，不尽可依据，转不如张尔歧恪守郑注，离经辨志之谨朴矣。自张尔歧、万斯大而后，风气大开,议礼之作日出,略可考见者,《周礼》则有安溪李光坡耜卿之《周礼述注》二十四卷,李钟伦世得之《周礼训纂》二十一卷,桐城方苞望溪之《周官集注》十三卷、《周官析疑》三十六卷、《考工记析义》四卷、《周官辨》一卷,吴县惠士奇天牧之《礼说》十四卷,婺源江永慎修之《周礼疑义举要》七卷,金坛段玉裁懋堂之《周礼汉读考》六卷,韦协梦之《周官汇说》三十二卷、附《解义》十二卷,武进庄存与方耕之《周官记》五卷、《周官说》二卷、《周官说补》三卷,德清徐养原新田之《周官故书考》四卷,南城王聘珍贞吾之《周礼学》二卷,南海曾钊冕士之《周礼注疏小笺》四卷,湘潭王闿运壬秋之《周官笺》六卷,瑞安孙诒让仲容之《周礼正义》八十六卷焉;《仪礼》则有李光坡之《仪礼述注》十七卷,方苞之《仪礼析疑》十七卷,仁和吴廷①华中林之《仪礼章句》十七卷,无锡蔡德晋仁锡之《礼经本义》十七卷,吴江沈彤果堂之《仪礼小疏》一卷,长洲褚寅亮搢升之《仪礼管见》四卷,秀水盛世佐之《仪礼集编》四十卷,江永之《仪礼释例》一卷,段玉裁之《仪礼汉读考》一卷,歙县凌廷堪次仲之《礼经释例》十三卷,韦协梦之《仪礼集解》四十卷、《仪礼章句》十七卷,武进张惠言皋文之《仪礼图》六卷、《读仪礼记》二卷,绩溪胡培翚竹村之《仪礼正义》四十卷,泾胡承珙墨庄之《仪礼古今文疏义》十七卷,徐养原之《仪礼古今文异同疏证》十七卷,嘉定金曰追璞园之《仪礼经注疏正讹》十七卷,绩溪胡匡衷朴斋之《郑氏仪礼目录校证》一卷,王聘珍之《仪礼学》一卷,湘乡曾国藩涤生之《读仪礼录》一卷,遵义郑珍子尹之《仪礼私笺》六卷,湘潭王闿运壬秋之《礼经笺》十七卷焉;《礼记》则有满洲纳喇性德容若之《陈氏礼记集说补正》三十八卷,李光坡之《礼记述注》二十八卷,方苞之《礼记析疑》四十六卷,江永之《礼记训义择言》八卷,仁和杭世骏大宗之《续卫氏礼记集说》一百卷,江都焦循里堂之《礼记补疏》三卷,阳城张敦仁古余之《抚本礼记郑注考异》二卷,德清俞樾荫甫之《礼记异文笺》、《礼记郑读考》

---

① 廷,原作"建",误。

各一卷,侯官陈乔枞朴园之《礼记郑读考》六卷,湘潭王闿运壬秋之《礼记笺》四十六卷,湘阴郭嵩焘筠仙之《礼记质疑》四十九卷焉。若乃一事一篇,专攻名家者,《周礼》则有沈彤之《周官禄田考》三卷,嘉定王鸣盛西庄之《周礼军赋说》四卷,休宁戴震东原之《考工记图》二卷,仪征阮元芸台之《车制图考》一卷,歙程瑶田易畴之《沟洫疆理小记》、《水地小记》、《考工创物小记》各一卷,郑珍之《考工轮舆私笺》一卷、《附图》一卷,定海黄以周元同之《军礼司马法》一卷;《仪礼》则有秀水诸锦襄七之《补乡礼》一卷,荆溪任启运翼圣之《宫室考》十三卷、《肆献裸馈食礼》三卷,江永之《释宫谱增注》一卷,兴化任大椿幼植之《弁服释例》八卷,临海洪颐煊筠轩之《礼经宫室答问》二卷,程瑶田之《丧服足征记》十卷,胡匡衷之《仪礼释官》九卷,南丰吴嘉宾子序之《丧服会通说》四卷;《礼记》则有钱塘邵泰衢鹤亭之《檀弓疑问》一卷,江永之《深衣考误》一卷,吴县惠栋定宇之《明堂大道录》八卷、《禘说》二卷,任大椿之《深衣释例》三卷,胡培翚之《燕寝考》三卷,善化皮锡瑞①鹿门之《王制笺》一卷,南海康有为长素之《礼运注》一卷。而兼综博考,不名一家者,则又有昆山徐乾学健庵之《读礼通考》一百二十卷,平湖陆陇其稼书之《读礼志疑》六卷,江永之《礼书纲目》八十五卷,金匮秦蕙田树峰之《五礼通考》二百六十二卷,歙金榜檠斋之《礼笺》三卷,曲阜孔广森㧑约之《礼学卮言》六卷,江都凌曙晓楼之《礼说》四卷,侯官陈乔枞朴园之《礼堂经说》二卷,临海金鹗诚斋之《求古录礼说》十五卷、《补遗》一卷,当涂夏炘心伯之《学礼管释》十八卷,仁和邵懿辰位西之《礼经通论》一卷,黄以周之《礼书通故》一百卷,皮锡瑞之《三礼通论》一卷焉。凡一千六百三十一卷,其不知者盖阙如也,可谓洋洋乎大观也哉。间②尝究其得失明其指归,有考订字句,正其讹脱者;有辨章注语,校其音读者;有离经辨志,明其章句者;有发凡

---

① 瑞,原作"理",误。
② 间,原作"问",据文意改。

起例，观其会通者；有删正旧注，订其阙失者；有驳纠前人，庶乎不刊者；有明发经疑，以俟论定者；有偶疏小笺，自抒所见者；有折衷至当，重造新疏者；有依物取类，绘为礼图者；有疏证名物，究明古制者；有心知其意，创通大义者；有网罗众说，博采前贤者；有旁采古记，而补礼经之阙佚者；有囊括大典，而考礼制之沿革者；有兼综《三礼》，而明礼学之源委者。略条诸家，以明指归，则有胡承珙之《仪礼古今文疏义》，徐养原之《周官故书考》、《仪礼古今文异同疏证》，金曰追之《仪礼经注正讹》，张敦仁之《抚本礼记郑注考异》，俞樾之《礼记异文笺》，斯所谓考订字句，正其讹脱者也。段玉裁之《周礼汉读考》、《仪礼汉读考》，俞樾、陈乔枞之《礼记郑读考》，斯所谓辨章注语，校其音读者也。吴廷华、韦协梦之《仪礼章句》，江永之《礼书纲目》，胡匡衷之《郑氏仪礼目录校证》，所谓离经辨志，明其章句者。江永之《仪礼释例》，凌廷堪之《礼经释例》，庄存与之《周官记》，任大椿之《弁服释例》、《深衣释例》，斯所谓发凡起例，观其会通者也。李光坡之《周礼述注》、《仪礼述注》、《礼记述注》，李钟伦之《周礼训纂》，斯所谓删正旧注，订其阙失者也。纳喇性德之《陈氏礼记集说补正》，惠士奇之《礼说》，沈彤之《周官禄田考》，江永之《礼记训义择言》、《深衣考误》，褚寅亮之《仪礼管见》，郑珍之《仪礼私笺》，斯所谓驳纠前人，庶乎不刊者也。陆陇其之《读礼志疑》，方苞之《周官析疑》、《周官辨》、《仪礼析疑》、《礼记析疑》，邵泰衢之《檀弓疑问》，江永之《周礼疑义举要》，郭嵩焘之《礼记质疑》，斯所谓明发经疑，以俟论定者也。沈彤之《仪礼小疏》，金榜之《礼笺》，孔广森之《礼学卮言》，庄存与之《周官说》、《周官说补》，焦循之《礼记补疏》，张惠言之《读仪礼记》，王聘珍之《周礼学》、《仪礼学》，曾国藩之《读仪礼录》，曾钊之《周礼注疏小笺》，斯所谓偶疏小笺，自抒所见者也。胡培翚之《仪礼正义》，孙诒让之《周礼正义①》，斯所谓折衷至当，重造新疏者也。戴震之《考工记图》，阮

---

① 义，原作"仪"，误。

元之《车制图考》，张惠言之《仪礼图》，郑珍之《考工轮舆私笺附图》，斯所谓依物取类，绘为礼图者也。任启运之《宫室考》，江永之《释宫谱增注》，王鸣盛之《周礼军赋说》，程瑶田之《沟洫疆理小记》、《水地小记》、《考工创物小记》，洪颐煊之《礼经宫室答问》，胡培翚之《燕寝考》，胡匡衷之《仪礼释宫》，陈乔枞之《礼堂经说》，金鹗之《求古录礼说》，夏炘之《学礼管释》，斯所谓疏证名物，究明古制者也。惠栋之《明堂大道录》、《禘说》，程瑶田之《丧服足征记》，凌曙之《礼说》，吴嘉宾之《丧服会通说》，皮锡瑞之《王制笺》，康有为之《礼运注》，斯所谓心知其意，创通大义者也。方苞之《周官集注》，蔡德晋之《礼经本义》，杭大宗之《续卫氏礼记集说》，盛世佐之《仪礼集编》，韦协梦之《周官汇说》、《仪礼集解》，斯所谓网罗众说，博采前贤者也。诸锦之《补飨礼》，任启运之《肆献裸馈食礼》，黄以周之《军礼司马法》，斯所谓旁搜故记，而补礼经之阙佚者也。徐乾学之《读礼通考》，秦蕙田之《五礼通考》，黄以周之《礼书通故》，斯所谓囊括大典而考礼制之沿革者也。邵懿辰之《礼经通论》，皮锡瑞之《三礼通论》，斯所谓兼综《三礼》而明礼学之源委者也。虽议礼考文，厥功无二，然识大识小，贤否判然。而扬榷群言，较其短长，要以惠士奇之《礼说》，盛世佐之《仪礼集编》，褚寅亮之《仪礼管见》，杭大宗之《续礼记集说》，秦蕙田之《五礼通考》，段玉裁之《二礼汉读考》，庄存与之《周官记》，凌廷堪之《礼经释例》，张惠言之《仪礼图》，胡培翚之《仪礼正义》，邵懿辰之《礼经通论》，十二家开设户牖，为能不诬来学，斯有可得而论者焉。按惠士奇之《礼说》，仅限于《周礼》，而言礼学者，固以郑玄为宗，然必悉其名物而后可求其制度，得其制度而后可语其义理。郑玄之时，去周已远，其注《周礼》，多比拟汉制以明之。后世去汉，年代杳远，在玄当日之所谓犹今某物某事某官者，多不解为何语，而当日经师训诂，辗转流传，亦往往形声并异，不可以今音今字推求。士奇之书，虽不载全经而惟标举其所考证驳辨者，然古音古字，无不为之分别疏通，而援引诸史百家之说，或以证明周制，或以参考郑氏所引之汉制以递求周制,而阐明制作之意,尤为有裨礼学,不惑方来。其持论以为:"《礼经》出于屋壁,多古字古音。经之义存乎训,识字审音,乃知其义,故诂训不可改也。康成注经,皆从古读,盖字有音义相近而讹者,故读从之。后世不学,遂谓康成好改字,岂其然乎。康成《三礼》、何休《公羊》多列汉法,以其去古未远,故借以为况。贾公彦于郑注,如飞矛、扶苏、薄借綦之类,皆不能疏,所读之字,亦不能疏,辄曰从俗读,甚非不知盖阙之义。夫汉远于周,而唐又远于汉,宜其说之不能尽通也,况宋以后乎? 周秦诸子,其文虽不雅驯,然可引为礼经之证,以其近古也。故不读非圣之书者,非善读书。"斯诚通儒之谈,而非拘文牵义之经生所敢与知者也。盛世佐本末无考,其《仪礼集编》一书,成于乾隆十二年丁卯,虽不如惠氏《礼说》之湛深经术,而裒辑古今说《仪礼》者一百九十七家,断以己意,无浅学空腹高谈轻排郑、贾之习,于诸家谬误,辨证极详,而以宋杨复之《仪礼图》本《注疏》作,然时有并《注疏》之意失之者,亦一一是正之。其持论谓:"朱子《仪礼经传通解》,析诸篇之记,分属经文,盖编纂之初,不得不权立此例以便寻省。惜未卒业,而门人继之,因仍不改,非朱子意。"故是编经自经,记自记,一依郑玄,其《士冠》、《士相见》、《丧服》等篇经、记传写混淆者,则别定次序于后而不敢移易经文,亦可谓《仪礼》家之谨严者矣。时则有褚寅亮,殚精《仪礼》盖三十年,尝谓:"宋人说经,好为新说,弃古注如土苴。独《仪礼》为朴学,空谈义理者无从措辞,而朱子、黄榦、杨复诸大儒又崇信之,故郑氏专门之学,未为异义所汩。至元吴兴敖继公出,乃诋为疵多醇少,其所撰《集说》,云采先儒,实骋私臆。学者苦《注疏》之繁重而乐其易晓,往往舍古训而从之。近儒方苞、沈彤咸称其善。然推继公之意,不在解经,而实有意与郑玄立异,特巧于立言,含而不露,若无意排击者,是以入其玄中而不悟。至于说有不通,甚且改窜经文,曲就其义,如《乡饮酒记》'若有北面者东上',敖改东为西,不知注明言'统于门',门在东,则不得以西为上也;《乡射记》'胜者之弟子洗觯,升酌,南面坐,奠于丰上,降,袒,执弓,反位',敖以'袒执弓'句为衍,不知所谓'胜者之弟子',即射宾中年少者,以是胜党,故袒,执弓,非衍文也;《燕礼》'媵觚于宾',敖改觚为觯,不知献以爵者酬以觯,燕礼,宰夫主献,既不以爵,则酬亦不以觯矣,安可破觚为觯乎?《大射仪》'以耦左还,上射于左',敖依《乡射》改为于右,不知上射位在北,下射位在南,乡射、大射所同,但乡射位在福西,从福向西,则北为右,大射次在福东,从福向东,则北为左,敖比而同之,昧于东西之别矣;《丧服记》'公子为其妻縓冠',敖改縓为练,不知练冠之纰,亦缘以縓,故《间传》云:'练冠縓缘。'就其质言之曰练冠,就其纰言之曰縓冠,母重,故言其质,妻轻,故言其纰,非有二也;《士虞礼》'明齐醢酒',敖以'醢酒'为衍文,不知注明言'有酒无醴',而据下文'普荐醢酒',亦专言酒,不及醴,岂得妄解明齐为醴,辄删经文乎?《特牲馈食礼》'三拜众宾,众宾答再拜',敖改再为一,不知《乡饮酒》众宾答一拜者,大夫为主人也,《有司彻》之答一拜者,大夫为祭主也,此士礼,安得以彼相例乎?"凡如所云,皆融贯全经,疏通证明,虽善辨者不能为敖氏置喙也。因著《仪礼管见》一书,虽不如盛世佐《仪礼集编》之博洽,而于敖氏书绳愆纠违,亦有世佐所不逮者焉。杭世骏《续礼记集说》,所录自宋、元人迄于清初,别择固极精审,而搜采之博,亦不亚盛世佐之于《仪礼集编》。惟其书网罗群言,而略不折衷以己意,则有与世佐异者,盖仍卫湜之例。然论礼书之采撷极博,当无有过于秦蕙田《五礼通考》者也。蕙田专攻礼学,及冠之年,与同县蔡德晋宸锡、吴蔼大年、吴鼎尊彝兄弟为读经会,而蕙田实尸其事。相与论《三礼》自秦、汉诸儒抱残守缺,注疏杂入谶纬,缪辁纷纭。《宋史》载朱子尝欲取《仪礼》、《周官》、二戴《记》为本,编次朝廷公卿大夫士民之礼,尽取汉、晋以下诸儒之说,考订辨正,以为当代之典。今观所著《经传通解》,继以黄、杨二氏修述,仅汇纂经、传,而未及考订汉、晋以来之礼。然汉、晋以来之礼,即孔子所谓"百世可知"之礼,皆有天下者议礼考文制度之实,而为当代礼典所由出,特其沿革损益,不能尽合古人者有之,而其不合之处,正宜搜罗详述,考订折衷,以定其是非,此而不录，则世儒议礼，所谓"损益可知"者，从何处下手，虽欲为叔孙通之绵蕞而不可得矣。独昆山徐乾学《读礼通考》一书，本之经、传而参以历代典制，规模义例，具得朱子本意。惜其仅及丧葬，而《周官·大宗伯》所列五礼之目，古经散亡，鲜能寻端竟委。乃于《礼经》之文，如郊祀、明堂、宗庙、禘尝、飨宴、朝会、冠昏、宾祭、宫室、衣服、器用等，先之以经文之互见错出足相印证者，继之以注疏诸儒之牴牾訾议者，又益以唐、宋以来专门名家之考论发明者，半月一会，问者难者，答者辨者，回旋反复，务期惬诸己，信诸人，而后乃笔之笺释，存之考辨，如是者二十余年，而哀然渐有成帙矣。然后发凡起例，一依徐氏，而网罗众说，以成一书，凡为类七十五，以乐律附于《吉礼》"宗庙制度"之后，以天文推步勾股割圜，立"观象①授时"一题统之，以古今州国都邑山川地名，立"体国经野"一题统之，并载入《嘉礼》，虽事嫌旁涉，非五礼所应该，不免有炫博之意，然周代六官，统名曰礼，礼之用，精粗条贯，所赅本博，故朱子《仪礼经传通解》于《学礼》载钟律诗乐，又欲取许慎《说文解字》序说及《九章算经》为《书数篇》而未成，则蕙田之以类纂附，尚不为无据也。顾同县顾栋高震沧读其书而讥焉，谓援引多而断制少，典故多而发明少，如礼书总账簿，读者漫无别择，甚无谓也。蕙田则应之曰："援引者，断制之所从出；断制者，援引之归宿也。苟不援引，何从断制？善援引者，正即援引而成断制，非两事也。孔子曰：'礼失而求诸野。'裨官小说，亦取其言之是而助吾之断制者耳，即不然，亦显著其谬，明斥其非，不使如隐慝之潜滋，阴流其毒，以惑后世，而潜害吾之断制者耳。如此，则援引愈多，典故愈多，而发明断制亦因以详备，然后疑处可破，碍障可除，先圣之制作，乃独伸其是而尊于百世之上，岂漫无别择而牵引之哉？若使希图省事，源流本末，罔然不知，即有所谓断制者，亦必凭私忖度，罅隙百出，动辄罣碍而不足信。孔子曰：'文献不足故也，足则吾能征之矣。'《中庸》曰：'无征

---

① 象，原作"众"，据《五礼通考》改。

不信。'征者，援引也，典故也。"以故考证经史，原原本本，具有经纬。而同削草者吴鼎，与校订者桐城方观承宜田、嘉定钱大昕莘楣、山阳吴玉搢山夫也。可谓体大物博，而集历代礼制之大成者矣。然议礼制固綦难，考礼文亦不易，而考礼文之审，其惟段玉裁之《二礼汉读考》乎！自序称："点画谓之文，文滋谓之字。音读谓之名，名之分别部居谓之声类。郑君注《周礼》，多采杜、卫、贾、马、二郑之说，犹有差错，同事相违，则就其原文字之声类，考训诂。盖训诂必就其原文，而后不以字妨经；必就其字之声类，而后不以经妨字也。汉人作注，于字发疑正读，其例有三：一曰读如读若，二曰读为读曰，三曰当为。读如读若者，疑其音也。古无反语，故为比方之词。读为读曰者，易其字也。易之以音相近之字，故为变化之词。比方主乎同，音同而义可推也。变化主乎异，字异而义了然也。比方主乎音，变化主乎义。比方不易字，故下文仍举经之本字。变化字已易，故下文辄举所易之字。注经必兼兹二者，故有读如，有读为。字书不言变化，故有读如，无读为。有言读如某、读为某而仍本字者，如以别音，为以别义。当为者，为字之误、声之误而改其字也，为救正之词。形近而讹，为字之误，声近而讹，为声之误。字误声误而正之，谓之当为。凡言读为者，不以为误。言当为者，直①斥其误。三者分而汉注可读，而经可读。三者皆以音为用，六书之形声假借转注，于是焉在。"是则《周礼》汉读三例，实自玉裁发之，其言固不仅为《礼经》发。而《周礼》写自古文，《仪礼》称尤难读，礼文不先为考定，礼制且无从置议，因先成《周礼汉读考》六卷，而"读如"、"读为"、"当为"之诸例俱在焉。其《仪礼》则仅成《士冠礼》一卷而已，亦不如《周礼》之完密也。夫《周礼》一书，根据郑注，考其读例者，莫如段玉裁之《汉读考》，而融贯经文，明其制度者，当推庄存与之《周官记》。开通群经，融会参证，于体国经野分土任民之法，言之尤详，其书不循文注笺，而提要钩玄，自成一书，匪经

---

① 直字原脱，据《周礼汉读考》序补。

文之舆儓,实古礼之别记也。至《仪礼》之所以难读者,朱子云:"只为重复,伦类若通,则其先后彼此展转参照,足以互相发明。"诚哉是言。然通伦类,宜起凡例。郑注、贾疏,咸重发凡而有未逮。凌廷堪《礼经释例》,融贯全经,凡通例四十,饮食之例五十有六,宾客之例十有八,射例二十,变例二十有一,祭例三十,器服之例四十,杂例二十有一,宏纲细目,经纬具在,信足匡郑、贾所未逮,而为礼经之功臣。然而不别立宫室之例者,盖以为宋李如圭《仪礼释宫》已详故也。惟是读《仪礼》者,必明宫室而后陈设进退知所措。宋杨复《仪礼图》无宫室,论者以为未得要领,凌《例》将无同讥?独张惠言仿杨复取《仪礼》十七篇,篇为之图,而首冠以宫室之图,总絜纲领,以补杨复之所未有,可谓知所先务也。自凌廷堪撰《礼经释例》,而后详略隆衰,《仪礼》之节文明;张惠言制《仪礼图》,而后陈设进退,《仪礼》之器数明。至胡培翚覃精《仪礼》,谓郑注而后,贾疏独行,或解经而违经旨,或申注而失注意,参稽众说,别造《正义》。自述所造,其例有四:曰"补注",补郑玄注所未备也。曰"申注",申郑玄注义也。曰"附注",近儒所说,虽异玄旨,义可旁通,附而存之,广异闻,佹专己也。曰"订注",郑玄注义,偶有违失,详为辨正,别是非,明折衷也。虽乖唐贤疏不破注之例,要之无所依违,期于大通,斯足以破经生拘墟之见,而佹曲学专己之私焉。邵懿辰《礼经通论》,不断断于训诂名物,而考订源流,辨章经记,卓乎礼学之钤键矣。黄以周兼综三种,撰《礼书通故》,列五十目,囊括大典,殚见洽闻,与秦蕙田《五礼通考》比隆,其校核异义,或谓过之。盖蕙田《通考》按而不断,而以周则博征古说而断以己意者也。然《通考》之作,即援引以成断制,蕙田固明言之矣,宁不能断制哉!乃或者以此损蕙田而扬以周,斯亦未为知言也。孙诒让专攻《周礼》,别造《正义》,大抵以《尔雅》、《说文》正其诂训,以《礼经》、《大小戴记》证其制度,而博采汉、唐、宋以来,迄于清儒诸家解诂,参互证绎,以发郑注之渊奥,裨贾疏之遗阙。盖郑注极简奥,而贾疏或隐略,又于杜子春、郑兴、郑众三人异义,后郑之所不采者,但有纠驳,略无申证。诒让谓"唐疏例不破注,固无足怪,然六朝义疏则不尽然。郑注精贯群经,固不容破,然杜、郑三君之义,后郑所赞辨者,本互有是非。乾嘉经儒,考释此经,间与郑异,而于古训古制,宣究详确,或胜注义"。博稽众家,辄据匡纠,凡所发正后郑数十百事。而拘牵后郑义者,往往又仇王肃。诒让一无适莫,郊社禘祫则从郑,庙制昏期则从王,于郑注不为曲从,亦犹胡培翚《仪礼正义》订注之例也。至其甄采旧疏,明揭贾义,不如胡培翚《仪礼》之或袭贾释而没不称名,其不攘善之用心,尤有培翚所不逮者焉。独是让清礼学,冠绝前古。正义《仪礼》,前有胡氏,更疏《周官》,别出诒让,更光前人,有功礼学。独《礼记》则无之,不惟《三礼》新疏,缺一不备。昔闻元和江声艮庭之殁,诏其子以告友人阳湖孙星衍渊如曰:"吾父死无他言,疑《周官》、《仪礼》之委曲繁重,不可行于今也。"星衍则赝之曰:"礼意之会通在《礼记》,不曰'君子行礼,不求变①俗',又曰'礼从宜,使从俗'乎?居丧衣衰麻,不食肉饮酒,而公门则脱齐衰,大夫父友食之,则饮酒食肉,惜不能以此告之矣。"旨哉!然则管礼学之枢要者,《礼记》也。倘籀礼义,必明《礼记》,惜无人更为之疏以有光于前人者。至皮锡瑞《三礼通论》,大抵本邵懿辰之《礼学通论》,而博采众说以为敷佐,别白今古,论证沿革,俾学者有从入之途,而无多歧之患,斯实读礼之指南,治学之入门也。惟是学者并称《三礼》,罕及《大戴》。然考《大戴》所记,《夏小正》为夏时,《书·禹贡》惟言地理,兹则言天象,与《尧典》合;《公冠》、《诸侯》、《迁庙》、《衅庙》、《朝事》等篇,足补《仪礼》十七篇之遗;《盛德》、《明堂》之制,为《考工记》所未备;《投壶》仪节,较《小戴》为详;《哀公问》字句,较《小戴》为确,然则《大戴》不可废也。顾北周卢辨之注,既未精备,而更数千年,无缵业者,章句混淆,古字更舛。迨清儒休宁戴震东原、余姚卢文弨抱经相继校订,蹊径渐辟。曲阜孔广森扰约乃博稽群书,参会众说,为《大戴礼记补注》十三卷、《叙录》

---

① 变字原脱,据《礼记·曲礼》补。

一卷,然臆改《记》文,有识或病。南城王聘珍贞吾重为《解诂》,凡十三卷,《叙录》一卷。其校《记》文也,专守古本为家法,所以惩孔广森妄据他书径改《记》文之失。其为解诂也,义精语洁,确守汉法,多所发明,无隐滞之义,无虚造之文,实有胜于孔广森之《补注》者焉。斯亦《礼经》之别子也,谨以殿于篇末。纂《三礼志》第五。

春 秋 志 第 六

　　古之王者,世有史官,君举必书,左史记言,右史记事,事为《春秋》,言为《尚书》。而史之所记,必表年以首事,年有四时,故错举以为所记之名,题曰《春秋》也。周室既微,孔子明王道,一为鲁司寇秉政,诸侯害之,大夫壅之。孔子知言之不用,道之不行也,于是去鲁,斥乎齐,逐乎宋、卫,困于陈、蔡之间,已而反鲁。鲁哀公十四年春,西狩于大野,叔孙氏车子钼商获兽,以为不祥,孔子曰:"麟也。"麟者,仁兽也,有王者则至,无王者则不至。有以告者曰:"有麕而角者。"孔子曰:"孰为来哉! 孰为来哉!"反袂拭面,涕沾袍。颜渊死,子曰:"噫!天丧予。"子路死,子曰:"噫! 天祝予。"及西狩获麟,孔子曰:"吾道穷矣! 弗乎弗乎! 君子疾没世而名不称焉。吾道不行矣,吾何以自见于后世哉! 我欲载诸空言,不如见诸行事之深切著明也。"故西观周室,论史记旧闻,得百二十国宝书,以鲁周公之国,礼文备物,史官有法,故托于鲁而次《春秋》。据行事,仍人道,因兴以立功,败以成罚,假日月以定历数,借朝聘以正礼乐,上记隐,下至哀之获麟,十二公,据鲁,亲周,故宋,运之三代,约其文辞而指博,上明三王之道,下辨人事之纪,别嫌疑,明是非,定犹豫,善善恶恶,贤贤贱不肖,存亡国,继绝世,补弊起废,王道之大者也,其事则齐桓、晋文,其文则史。孔子曰:"其义则丘窃取之矣。后世知丘者以《春秋》,而罪丘者亦以《春秋》。"王道备,人事浃。七十子之徒,口受其传指,为有所刺讥褒讳挹损,大人当世君臣,有威权势力,不可以书见也。鲁君子左丘明惧弟子人人异端,各安其意,失其真,故论本事而作传,明孔子不以空言说经也。或先经以始事,或后经以终义,或依经以辩理,或错经以合异,

113

具论其语，成《春秋左氏传》，以授曾申。申传魏人吴起，起传其子期，期传楚人铎椒，为楚威王傅，为王不能尽观《春秋》，采取成败，卒四十章，为《铎氏微》，又作《抄撮》八卷，授赵人虞卿。虞卿作《虞氏微传》二篇，《抄撮》九卷，授同郡荀卿，则左丘明之六传弟子也。自是传《春秋》者分为二义：有记载之传，主于记事，《春秋》之《左氏传》是也；有训诂之传，主于释经，公羊、穀梁、邹、夹之传是也。邹氏无师，夹氏有录无书。而公羊、穀梁之传，皆自卜商。卜商，字子夏，少孔子四十四岁。孔子曰："吾志在《春秋》，行在《孝经》。《春秋》属之商，《孝经》属之参也。"齐人公羊高者，尝受《春秋》于商，以传其子平。而平传子地，地传子敢，敢传子寿。至汉景帝时，寿乃与齐人胡母子都著于竹帛，《汉书·艺文志》著录《公羊传》十一卷者是也。大指明于解经，疏于征事。文十二年"秦伯使遂来聘"，《传》云："贤缪公也。"此误以康公为缪公。而襄二年《传》云："齐姜与缪姜，则未知其为宣夫人欤？成夫人欤？"昭二十年"曹伯庐卒于师"，《传》云："未知公子喜时从欤？公子负刍从欤？"则当事人且不知矣，事之荒略何论焉。盖《公羊传》之不传事，与左丘明之传事不传义者殊指也。至《传》引子沈子曰、子司马子曰、子女子曰、子北宫子曰，又有高子曰、鲁子曰，盖皆《春秋》传经之师。而寿及胡母子都博采其义以为坿益，是传义亦不尽出公羊子也。《穀梁传》者，始于鲁人穀梁赤，亦云自子夏，与《公羊传》同。惟公羊高亲受指子夏，而穀梁赤秦孝公同时人，乃后代传闻，以授荀卿。荀卿亦传《左氏》，而授《穀梁传》于齐人浮丘伯，以传鲁申公，亦系口说，未知谁著竹帛。而题《穀梁传》者，盖著师传之始穀梁，《汉书·艺文志》著录《穀梁传》十一卷者是也。其传指在解经，与《公羊》同。其传文每往复诘难以尽其义，亦与《公羊》同。然传义则有与《公羊》同者，亦有与《公羊》异者，而与《公羊》异者，或并存其义，或直斥其非。庄二年："公子庆父帅师伐于余丘。"《公羊》云："邾娄之邑也。曷为不系乎邾娄？国之也。曷为国之？君存焉尔。"而《穀梁》则云："公子贵矣，师重矣。而敌人之邑，公子病矣。其一曰君在而重之也。"其一曰"君在而重"之说，即兼存《公羊》"曷为国之？君存焉尔"之义也。文十二年："子叔姬卒。"《公羊》云："此未适人，何以卒？许嫁矣。"而《穀梁》则云："其曰子叔姬，贵也，公之母姊妹也。其一传曰：'许嫁以卒之也。'"此所谓"其一传"，明是《公羊传》矣。此并存其义者也。宣十五年："初税亩，冬蝝生。"《穀梁》云："蝝，非灾也。其曰蝝，非税亩之灾也。"此《穀梁》非《公羊》之说也。《公羊》以为宣公税亩，应是而有天灾，《穀梁》以为不然，故曰"非灾也，非税亩之灾也"，此直斥其非者也。此《穀梁》义之与《公羊》异者也。与《公羊》同者，隐公不书即位，《公羊》云"成公意"，《穀梁》云"成公志"。郑伯克段于鄢，皆云"杀之"。如此者不可枚举矣。盖《穀梁》晚出，因得监省《公羊》之违畔，而或取，或不取，或非之，或兼存之，与《公羊传》义有同有不同也。《公羊》、《穀梁》皆解正《春秋》，《春秋》所无者，《公》、《穀》未尝言之。而《左氏》叙事见本末，则有《春秋》所无而《左氏》为之传者焉，有《春秋》所有而《左氏》不为传者焉。故汉博士谓"左氏不传《春秋》"，而推本《公》、《穀》，以为真孔子之意也。然秦火之后，汉初惟《左氏传》最先出。孝惠之世，北平侯张苍献《春秋左氏传》，盖受学于荀卿者也。然则汉之献书，张苍最先，而汉之得书，首《春秋左氏传》。以先著竹帛，多古字古言，谓之古学。而《公羊》汉时乃兴，传以今文，谓之今学。胡母生子都以治《公羊春秋》为景帝博士，与广川董仲舒同业，仲舒著书称其德，年老，归教于齐。齐之言《春秋》者宗事之。葘川公孙弘年四十余，乃学《春秋》杂说，亦颇受胡母生之说焉。而董仲舒少治《春秋》，与胡母生俱为博士，下帷讲诵，弟子传以久次相授业，或莫见其面，盖三年不窥园，其精如此。进退容止，非礼不行，学士皆师尊之。武帝即位，举贤良文学之士，前后百数，而仲舒以贤良对策，大致案《春秋》之文，求王道之端，以观天人相与之际，而得之于正。谓："正次王，王次春。春者，天之所为也。正者，王之所为也。其意曰：'上承天之所为，而下以正其所为，正王道之端云尔。'谨案《春秋》谓一元之意，一者万物之所从始也，元者辞之所谓大也。谓一为元者,视大始而欲正本也。《春秋》深探其本而反自贵者始。故为人君者,正心以正朝廷,正朝廷以正百官,正百官以正万民,正万民以正四方。四方正,远近莫敢不一于正。孔子作《春秋》,先正王而系万事,见素王之文焉。上揆诸天道,下质诸人情,参之于古,考之于今。故《春秋》之所讥,灾害之所加也;《春秋》之所恶,怪异之所施也。书邦家之过,兼灾异之变,以此见人之所为,其美恶之极,乃与天地流通而往来相应,此亦言天之一端也。《春秋》大一统者,天地之常经,古今之通义也。今师异道,人异论,百家殊方,指意不同,是以上亡以持一统,法制数变,下不知所守。诸不在六艺之科、孔子之术者,皆绝其道,勿使并进。邪辟之说灭息,然后统纪可一而法度可明。"自汉治杂黄老、刑名,而武帝更推明孔氏,抑黜百家,立学校之官,其议胥自仲舒发之。公孙弘治《春秋》不如仲舒,而弘希世用事,位至丞相,封平津侯。仲舒以弘为从谀,而官不过二千石。相江都、胶西两国,辄事骄王,正身以率下,数上疏谏争,教令国中,所居而治,及去位归居,终不问家产业,以修学著书为事。仲舒在家,朝廷如有大议,使使者及廷尉张汤就其家而问之,其对皆以《公羊》家法,而有《公羊董仲舒治狱》十六篇,著《汉书·艺文志》,《春秋决事》十卷,见《隋书·经籍志》,此仲舒以《公羊》断狱也。仲舒尤喜以《公羊》明阴阳灾异,所著皆明经术之意,及上疏条教,凡百二十三篇,而说《春秋》事得失,《闻举》、《玉杯》、《蕃露》、《清明》、《竹林》之属,复数十篇,十余万言,后世结集其篇,曰《春秋繁露》。繁一作蕃,解之者曰:"繁露,冕之所垂,有联贯之象。《春秋》比事属辞,立名或取诸此也。"其书十七卷,发挥《春秋》之旨,多主《公羊》,而后世《公羊》家所称"存三统"、"张三世"、"异外内"三科九旨,一切非常异义可怪之论,罔不导自《春秋繁露》。何谓存三统?曰:"《春秋》应天,作新王之事,时正黑统。王鲁,尚黑,绌夏,亲周,故宋,以《春秋》当新王。《春秋》当新王者奈何?曰:王者之法必正号,绌王谓之帝,封其后以小国,使奉祀之。下存二王之后以大国,使服其服,行其礼乐,称客而朝。故同时称帝者五,称王者三,所以昭五端,通三统也。是故周人之王,尚推神农为九皇,而改号轩辕谓之黄帝,因存帝颛顼、帝喾、帝尧之帝号,绌虞而号舜曰帝舜,录五帝以小国。下存禹之后于杞,存汤之后于宋,以方百里,爵号公,皆使服其服,行其礼乐,称先王客而朝。《春秋》作新王之事,变周之制,当正黑统。而殷、周为王者之后,绌夏改号禹谓之帝禹,录其后以小国。故曰绌夏,存周,以《春秋》当新王。"此著于《三代改制质文篇》者也。何谓张三世?曰:"《春秋》分十二世以为三等,有见,有闻,有传闻。有见三世,有闻四世,有传闻五世。故哀、定、昭,君子之所见也。襄、成、文、宣,君子之所闻也。僖、闵、庄、桓、隐,君子之所传闻也。所见六十一年,所闻八十五年,所传闻九十六年。"此著于《楚庄王篇》者也。何谓异外内?曰:"内其国而外诸夏,内诸夏而外夷狄。"此著于《王道篇》者也。虽无三科、九旨之目,而后之言三科、九旨者本焉。弟子遂者,兰陵褚大,东平嬴公,广川段仲温、吕步舒。大至梁相。步舒丞相长史。惟嬴公守学不失师法,为昭帝谏大夫,授东海孟卿、鲁眭孟。孟,名弘,以字行,少时好侠,斗鸡走马,长乃变节,从嬴公受《春秋》,以明经为议郎,至符节令。孝昭元凤三年正月,泰山有大石自起立,昌邑有枯社木卧复生,上林有柳树枯僵自起生,有虫食柳叶成文字,曰"公孙病已立"。孟推《春秋》之意,以为"石、柳皆阴类,下民之象。泰山者,岱宗之岳,王者易姓告代之处。今大石自立,僵柳复起,非人力所为,此当有从匹夫为天子者。枯社木复生,故废之家公孙氏当复兴者也"。孟意亦不知其所在,即说曰:"先师董仲舒有言:'虽有继体守文之君,不害圣人之受命。'汉家尧后,有传国之运。汉帝宜谁差天下,求索贤人,禅以帝位,而退自封百里,如殷、周二王后,以承顺天命。"书上,廷尉奏孟祆言惑众,伏诛。后五年,皇曾孙病已兴于民间,即位为孝宣帝,其言乃验。征孟子为郎。孟弟子百余人,惟东海严彭祖、鲁颜安乐为明,质问疑谊,各持所见。孟曰:"《春秋》之意,在二子矣。"孟死,彭祖、安乐各专门教授,由是《公羊春秋》有颜、严之学。彭祖,字公子,为宣帝博士,至太子太傅,著有《春秋公羊传》十二卷,见《隋书·经籍志》。然廉直不事权贵。或说曰:"君亡左右贵人之助,经谊虽高,不至宰相,愿少自抑。"彭祖曰:"凡通经术,固当修行先王之道,何可委曲从俗,苟求富贵乎?"竟以太傅官终。授琅玡王中,为元帝少府,家世传业。中授同郡公孙文、东门云。云为荆州刺史,文东平太傅,徒众尤盛。颜安乐,字公孙,本眭孟姊子,与严彭祖并推孟高第弟子。家贫,为学精力,有《公羊颜氏记》十一篇,见《汉书·艺文志》。官至齐郡太守丞,授淮阳泠①丰次君、淄川任公。公为少府,丰淄川太守。由是颜家有泠、任之学。始琅玡贡禹少翁事嬴公,成于眭孟,至御史大夫。兰陵疏广仲翁事孟卿,至太子太傅。而广授琅玡筦路,路为御史中丞。禹授颍川堂谿惠,惠授泰山冥都,都为丞相史。都与路又事颜安乐,故颜氏复有筦、冥之学。路授颍川孙宝子严,为大司农。丰授东海马宫游卿、琅玡左咸,宫至太师大司徒,而咸为郡守九卿,徒众尤盛。推而《公羊春秋》之盛,自董仲舒。武帝时,瑕丘江公之言《穀梁春秋》,与董仲舒并。仲舒通五经,能持论,善属文,而江公之先受《穀梁春秋》及《诗》于鲁申公,传子至孙为博士,然呐于口,上使与仲舒议,不如仲舒。而丞相公孙弘本为《公羊》学,比辑其议,于是上因尊《公羊》家,诏太子受《公羊春秋》,由是《公羊》大兴。太子既通,复私问《穀梁》而善之。其后寝微,惟鲁荣广王孙、皓星公二人受焉。广尽能传其《诗》、《春秋》,高才捷敏,与《公羊》大师眭孟等论,数困之,故好学者颇复受《穀梁》。沛蔡千秋少君、梁周庆幼君、丁姓子孙皆从广受。千秋又事皓星公,为学最笃。宣帝即位,闻卫太子好《穀梁春秋》,以问丞相韦贤、长信少府夏侯胜及侍中乐陵侯史高,皆鲁人也,言穀梁子本鲁学,公羊氏乃齐学也,宜兴《穀梁》。时千秋为郎,召见,与《公羊》家并说,上善《穀梁》说,擢千秋为谏大夫给事中。后有过,左迁平陵令。复求能为《穀梁》者,莫及千秋。上愍其学且绝,乃以千秋为郎中户将,选郎十人从受。汝南尹

---

① 泠,原作"冷",据《汉书》改。

更始翁君本自事千秋，能说矣，会千秋病死，征江公孙为博士。刘向以故谏大夫通达待诏，受《穀梁》，欲令助之。江博士复死，乃征周庆、丁姓待诏保宫，使卒授十人。自元康中始讲，至甘露元年，积十余岁，皆明习。乃召五经名儒太子太傅萧望之等大议殿中，平《公羊》、《穀梁》同异，各以经处是非。时《公羊》博士严彭祖、侍郎申挽、伊推、宋显，《穀梁》议郎尹更始、待诏刘向、周庆、丁姓并论。《公羊》家多不见从，愿请内侍郎许广，使者亦并内《穀梁》家中郎王亥，各五人，议三十余事。望之等十一人各以经谊对，多从《穀梁》，由是《穀梁》之学大盛。庆、姓皆为博士。姓至中山太傅，授楚申章昌曼君，为博士，至长沙太傅，徒众尤盛。尹更始为谏大夫、长乐户将，撰《春秋穀梁传》十五卷，见《隋书·经籍志》，又受《左氏传》，取其变理合者以为章句，传子咸及汝南翟方进、琅玡房凤。凤，字子元，哀帝时，累擢光禄大夫、五官中郎将。时光禄勋王龚以外属内卿，与奉车都尉刘歆共校书，三人皆侍中。歆白《左氏春秋》可立，哀帝纳之，以问诸儒。皆谓"《左氏》为不传《春秋》"，不肯对。歆于是数见丞相孔光，为言《左氏》以求助。光卒不肯。惟凤、龚许歆，遂共移书责让太常博士。大司空师丹奏歆非毁先帝所立，三人皆出外补吏，而凤补九江太守，至青州牧。始胡常事江博士，江博士死，乃与凤俱事尹更始，授梁萧秉君房，王莽时为讲学大夫。由是《穀梁春秋》有尹、胡、申章、房氏之学。翟方进虽受《穀梁》于尹更始，然好《左氏传》，其《左氏》则刘歆师也。《左氏》之学，自北平侯张苍。苍于秦时为御史，历秦，至汉文帝时为丞相，传洛阳贾谊。谊为《左氏传训故》，授赵人贯公，为河间献王博士。子长卿为荡阴令，授清河张禹长子。禹与萧望之同时为御史，数为望之言《左氏》。望之善之，上书数以称说。后望之为太子太傅，荐禹于宣帝，征待诏，未及问，会疾死，授尹更始。更始传子咸及翟方进、胡常。常授黎阳贾护季君，哀帝时，待诏为郎，授苍梧陈钦子佚，以《左氏》授王莽，至将军。而刘歆从尹咸、翟方进受。始歆嗣其父向领校中五经秘书，见古文《春秋左氏传》，大好之。时丞相翟方进，而尹咸为丞相史，以能治《左氏》，与歆校经传。歆略从咸及翟方进受，质问大义。初，《左氏传》多古字古言，学者传训故而已。及歆治《左氏》，以为："左丘明好恶与圣人同，亲见夫子，而公羊、穀梁在七十子后，传闻之与亲见之，其详略不同。"引《传》文以解《经》，转相发明，由是章句义理备焉。歆父子俱好古，博见强志，呻吟《左氏》，下至婢仆，皆能讽诵，由是言《春秋左氏传》者本之刘歆。初，《春秋》惟有《公羊》博士而已。至孝宣世，复立《穀梁》博士。哀帝时，歆既以欲建立《左氏春秋》黜外，会哀帝崩，王莽持政，而歆亲近用事，卒立《左氏》。《左氏》自荀卿至尹更始父子、胡常、翟方进辈，皆以名家，而亦兼治《穀梁》，非《公羊》齐学绝不相通者比也。既世祖中兴，立五经博士，《春秋》严、颜而已，皆《公羊》家也。而《穀梁》、《左氏》不与。终东汉之世，而治《穀梁》有闻者，仅河南侯霸君房、扶风贾逵景伯而已。霸于前汉哀帝时，事九江太守房凤，治《穀梁》，为都讲。逵名辈差晚，然于五家，《穀梁》为兼通，而实受其父徽《左氏春秋》，为古学者也。《左氏》虽终不得立学官，然与《公羊》代兴。《公羊》严、颜并立，严氏为盛。而治《颜氏》有闻者，终东汉之世，仅河内张玄君夏、豫章唐檀子产而已。然玄兼通数家，特以颜氏为宗。世祖时，举明经，补弘农文学，迁陈仓县丞。清净无欲，专心经书，方其讲问，乃不食终日。及有难者，辄为张数家之说，令择从所安。诸儒皆伏其多通。举孝廉，除为郎。会《颜氏》博士缺，玄试策第一，拜为博士。居数月，诸生上言："玄兼说《严氏》，不宜专为《颜氏》博士。"乃罢。则兼说《严氏》者也。《严氏》学知名者，则有长沙太守汝南郅郓君章、琅玡太守河内李章第公、少府山阳丁恭子然、太常北海周泽稚都、太常陈留楼望次子、侍中琅玡承宫少子、长水校尉南阳樊儵长鱼、左中郎将汝南钟兴次文、太子少傅北海甄宇长文、海西令豫章陈曾秀文、侍中蜀郡张霸伯饶、霸子长陵令楷公超、颍川太守会稽顾奉。其间丁恭最为老师，诸生自远方至者，著录数千人。太常楼望、侍中承宫、左中郎将钟兴、长水校尉樊儵，皆受业于恭。而儵删定《公羊严氏章句》，世号樊侯学，教授门徒前后三千余人。其尤知名者张霸，以儵删犹多繁辞，乃减定为二十万言，更名张氏学。诸生孙林、段著、刘固等慕之，各市宅所居之旁以就学焉。此治《严氏春秋》者也。有治《公羊春秋》而不名严、颜何家者，则侍中扶风李育元春、博士羊弼、辽东属国都尉北海公沙穆文义、谏议大夫任城何休邵公，而何休最著。休为人质朴讷口，而雅有心思，从羊弼学。覃思不窥门十有七年，撰成《春秋公羊解诂》十一卷，题曰"何休学"。有不解者，或答曰："休谦辞受学于师，乃宣此义，不出于己也。"大指以为传《春秋》者非一，本据乱而作，其中多非常异义可怪之论，而贯以五始、三科、九旨、七等、六辅、二类之义。五始者，元年、春、王、正月、公即位也。即位者，一国之始。政莫大于正始，故《春秋》以元之气，正天之端；以天之端，正王之政；以王之政，正诸侯之即位；以诸侯之即位，正竟内之治。诸侯不上奉王之政，则不得即位，故先言正月而后言即位。政不由王出，则不得为政，故先言王而后言正月也。王者不承天以制号令，则无法，故先言春而后言王。天不深正其元，则不能成其化，故先言元而后言春。五者同日并见，相须成体，乃天人之大本，万物之所系，不可不察也。三科、九旨者，新周，故宋，以《春秋》当新王，此一科三旨也。所见异辞，所闻异辞，所传闻异辞，二科六旨也。内其国，外诸侯，内诸侯而外夷狄，是三科九旨也。七等者，州、国、氏、人、名、字、子。州不若国，故言荆不如言楚。国不若氏，故言楚不如言潞氏、甲氏。氏不若人，故言潞氏、甲氏不如言楚人。人不若名，故言楚人不如言介葛卢。名不若氏，故言介葛卢不如言邾娄仪父。字不若子，故言邾娄仪父不如言楚子、吴子。《春秋》设此七等，以进退当时之诸侯。诸侯用夷礼则夷之，进于中国则中国之也。六辅者，公辅天子，卿辅公，大夫辅卿，士辅大夫，京师辅君，诸夏辅京师也。二类者，人事与灾异也。此之谓五始、三科、九旨、七等、六辅、二类。而三科、九旨之于七等，表里为用，义最闳大。故曰："于所传闻之世，见治起于衰乱之中，用心尚粗觕，故内其国而外诸夏，先详内而后治外。于所闻之世，见治升平，内诸夏而外夷狄。至所见之世，

著治太平,夷狄进至于爵,天下远近小大若一。"盖攘夷狄者,所闻世
之治也。若所见世,著治太平。哀四年"晋侯执戎曼子赤归于楚",十
三年"公会晋侯及吴子于黄池"。夷狄进至于爵,与诸夏同,无外内之
异矣。外内无异,则不必攘。远近小大若一,且不忍攘。《春秋》心同
天地,以天下为一家,中国为一人,必无因其种族不同而有歧视之意。
而升平世不能不外夷狄者,其时世治尚未进于太平,夷狄亦未进于中
国,引而内之,恐为诸夏患,故夫子称齐桓、管仲之功,有披发左衽之
惧,以其救中国,攘夷狄,而特笔褒予之,为夷狄之未进于中国也。虽
然,特为升平之世言之耳,匪太平之治也。言岂一端而已,夫各有所
当也。拨乱之世,内其国而外诸夏。诸夏非可攘者,而亦必异外内,
斯则隘狭之国家主义,而言治之始尔,匪《春秋》之隆治矣。故董仲舒
明言"自近者始","王化自近及远"。由其国而诸夏,而夷狄,以渐进
于天下,远近小大若一,其义即本诸董仲舒也,宁惟三科九旨而已。
董仲舒《春秋繁露·重政篇》云:"《春秋》变一谓之元。"何休之说隐元
年以焉。《繁露·二端篇》云:"以元之深,正天之端,以天之端,正
王①之政。"何休之明五始以焉。《繁露·玉杯篇》有"先质后文"之
语,而何休遂谓"《春秋》变周之文,从殷之质"。如此之类,难以仆数,
是则休之《解诂》,胥出董仲舒之指矣。休又以《春秋》驳汉事六百余
条,成《春秋汉议》十三卷,妙得《公羊》本意。初,李育习《公羊春秋》,
颇涉猎古学,尝读《左氏传》,虽乐文采,然谓不得圣人深意,以为前世
陈元、范升之徒更相非折,而多引图谶,不据理体,于是作《难左氏义》
四十一事。至是,休与其师博士羊弼追述李育意以难二传,作《春秋
公羊墨守》十四卷,《春秋左氏膏肓》十卷,《春秋穀梁废疾》三卷。然
休之解诂《公羊》,亦有用《左氏》、《穀梁》传者,倘休膏肓《左氏》,废疾
《穀梁》,而义之所长,亦有不能不兼采并存者乎?考汉今古文家相攻
击,始于《左氏》、《公羊》,而今古文家相攻若仇,亦惟《左氏》、《公羊》

---

① 王下原有"者"字,据《春秋繁露》删。

为甚。施、孟、梁丘、京《易》之于费氏《易》，欧阳、大小夏侯《尚书》之于古文《尚书》，齐、鲁、韩《诗》之于毛《诗》，虽不并立，然未如《公羊》家之抨难《左氏》也。东汉之初，《左氏》虽不立博士，然为当世贵重。执金吾封雍奴侯上谷寇恂子翼，征西大将军封阳夏侯颍川冯异公孙，皆以名将学《左氏春秋》，然未名家。扶风孔奋君鱼少从刘歆受《春秋左氏传》，歆称之，谓门人曰："吾已从君鱼受道矣。"世祖即位，拜为武都太守。奋以弟奇经明当仕，上病去官。奇博通经典，作《春秋左氏删》。而奋晚有子嘉，官至城门校尉，作《左氏说》。然父子兄弟以为家学，而未大显于世。河南郑兴少赣①，少学《公羊春秋》，而好古学，于王莽时，将门人从刘歆讲正《左氏》大义，歆美兴才，使撰条例、章句、训诂，而传业子众，字仲师，作《春秋难记条例》、《春秋删》。世言《左氏》者多祖兴父子，而贾逵自传其父徽之业，由是《左氏》有郑、贾之学。贾徽亦从刘歆受《左氏春秋》，作《左氏条例》二十一篇。而苍梧陈钦习《左氏春秋》，事黎阳贾护，与刘歆同时而别自名家。子元字长孙，少传父业，为之训诂，锐精覃思，至不与乡里通，世祖时与郑兴俱为学者宗。时尚书令韩歆上疏，欲为《左氏》立博士。博士范升谓《左氏》学无有本师，而多违异，与歆争，具奏《左氏》之失凡十四事。时难者以太史公多引《左氏》，升又上太史公违戾五经，谬孔子言，及《左氏春秋》不可录三十一事。元闻之，诣阙上疏曰："《左氏》孤学少与，遂为异家之所覆冒。臣元窃见博士范升等所议奏《左氏春秋》不可立，及太史公违戾凡四十五事。案升等所言，前后相违，皆断截小文，媟黩微辞，以年数小差，掇为巨谬，遗脱纤微，指为大尤，指瑕擿衅，掩其弘美，所谓'小辨破言，小言破道'者也。臣元愚鄙，尝传师言。如得以褐衣召见，俯伏庭下，诵孔子之正道，理丘明之宿冤，若辞不合经，事不稽古，退就重诛，虽死之日，生之年也。"书奏，下其议。范升复与元相辩难，凡十余上，卒未得其要领，异日李育所谓"陈元、

范升更相非折,而多引图谶,不据理体"者也。然而帝卒立《左氏》学。太常选博士四人,元为第一。帝以元新忿争,乃用其次司隶从事魏郡李封。于是诸儒以《左氏》之立,论议讙哗,自公卿以下,数廷争之。会封病卒,世祖重违众议,而因不复补。然世儒言《左氏》者不绝,特为人主所重。扶风贾逵悉传父业,弱冠能诵《左氏传》及五经本文,尤明《左氏传》、《国语》,为之《解诂》五十一篇。永平中,上疏献之。显宗重其书,写藏秘馆。肃宗立,降意儒术,特好古文《尚书》、《左氏传》。诏逵入讲北宫白虎观、南宫云台。帝善逵说,使出《左氏传》大义长于二传者。逵于是具条撰成《春秋左氏长义》二十卷,奏之,曰:"臣谨摘出《左氏》三十事尤著明者,斯皆君臣之正义,父子之纪纲。其余同《公羊》者十有七八,或文简小异,无害大体。至如祭仲、纪季、伍子胥、叔术之属,《左氏》义深于君父,《公羊》多任于权变,其相殊绝,固已甚远,而冤抑积久,莫肯分明。臣以永平中上言《左氏》与图谶合者,先帝不遗刍荛,省纳臣言,写其传诂,藏之秘书。建平中,侍中刘歆欲立《左氏》,不先暴论大义,而轻移太常,恃其义长,诋挫诸儒。诸儒内怀不服,相与排之,从是攻击《左氏》,遂为重仇。至光武皇帝,奋独见之明,兴立《左氏》、《穀梁》,会二家先师不晓图谶,故令中道而废。凡所以存先王之道者,要在安上理民也。今《左氏》崇君父,卑臣子,强干弱枝,劝善戒恶,至明至切,至直至顺。且三代异物,损益随时,故先帝博观异家,各有所采。《易》有施、孟,复立梁丘,《尚书》欧阳,复有大小夏侯,今《三传》之异,亦犹是也。又五经家皆无以证图谶明刘氏为尧后者,而《左氏》独有明文。五经家皆言颛顼代黄帝,而尧不得为火德。《左氏》以为少昊代黄帝,即图谶所谓帝宣也。如令尧不得为火,则汉不得为赤。其所发明,补益实多。"书奏,帝嘉之,赐布五百匹,衣一袭,令逵自选《公羊》严、颜诸生高才者二十人,教以《左氏》,与简纸经传各一通。然逵之所为称引《左氏》义长者,特迂怪可笑,附托图谶,献媚世主以行其学耳。论者以为匪其本也。然《左氏》由是行于世。八年,乃诏诸儒各选高才受《左氏》、《穀梁春秋》，皆拜逑所选弟子及门生为千乘王国郎，朝夕受业黄门署，学者皆欣欣羡慕焉。扶风马融季长尝欲训《左氏春秋》，既见逑及郑众所注，乃曰："贾君精而不博，郑君博而不精，既精既博，吾何加焉。"但著《三传异同说》。北海郑玄康成始事京兆第五元先，通《公羊春秋》，既因涿郡卢植子干事马融，遂明《左氏》，乃发《公羊墨守》，针《左氏膏肓》，起《穀梁废疾》，以致难于何休。又以休有《春秋汉议》，作书二卷驳之，《隋书·经籍志》所著《驳何氏汉议》者是也。休见叹曰："康成入吾室，操吾矛以伐我乎？"初，中兴之后，范升、陈元、李育、贾逵之徒，争论古今学。及玄答何休，义据通深，由是古学遂明，《公羊》微而《左氏》兴。玄作《左氏传注》，未成，以与河南服虔子慎，作《春秋左氏传解谊》三十一卷，亦以《左传》驳何休之所驳汉事六十条，成《春秋汉议驳》二卷，又以何休重难《左氏》，撰《春秋左氏膏肓释痾》十卷、《春秋成长说》九卷、《春秋塞难》三卷，斯亦针起何疾，申明《左》指者也。然《左传》犹未置博士。会灵帝立太学《石经》，卢植乃上书请置博士，为立学官，谓"与《春秋》共相表里"也。陈国颍容子严者，博学多通，善《春秋左氏》，师事太尉杨赐。于献帝初避乱荆州，聚徒千余人。刘表以为武陵太守，不肯起，著《春秋左氏条例》五万余言。而同时南阳谢该文仪亦以明《春秋左氏》为世名儒，门徒数百千人。河东乐详条《左氏》疑滞七十二事以问，该皆为通解之，名为《谢氏释》，行于世。斯则东京《左》学之后劲也已。汉祚既衰，鼎分三国。言《春秋》者，魏有司徒东海王朗景兴，撰《春秋左氏传》十二卷。而朗子太常肃字子雍，能传父学，撰《春秋左氏传》三十卷、《春秋外传章句》一卷、注二十二卷。大司农弘农董遇季直撰《春秋左氏传章句》三十卷[①]，乐平太守糜信撰《春秋说要》十卷、《春秋穀梁传注》十二卷、《理何氏汉议》二卷。中散大夫谯郡嵇康撰《春秋左氏传音》三卷，大长秋韩益撰《春秋三传论》十卷。而高贵乡公以帝子穷经，撰《春秋左氏传音》三卷，斯称儒

---

① 卷，原作"句"，据文意改。

林之盛事焉。蜀亡传《春秋》者，吴则有骑都尉会稽虞翻仲翔，撰《春秋外传国语注》二十一卷，尚书仆射丹阳唐固子正撰《春秋穀梁传注》十三卷，《春秋外传国语注》二十一卷，中书侍郎云阳韦昭宏嗣撰《春秋外传国语注》二十一卷。《春秋外传国语》者，传云自左丘明，既为《春秋传》，又稽其逸文，纂其别号，分周、鲁、齐、晋、郑、楚、吴、越八国事，起自周穆王，终于鲁悼公，别为《国语》二十一篇，亦曰《外传》者，《春秋》以鲁为内，以诸国为外，外国所传之事也。其文以方《内传》，或重出而小异。自郑众为之解诂，而汉、魏儒者并申以注释，治其章句，此亦六经之流，三传之亚也。然郑众解诂以下，诸家并亡，独韦昭之注存。自序称兼采郑众、贾逵、虞翻、唐固。今考所引郑说、虞说，寥寥数条，惟贾、唐二家，援据驳正为多，凡所发正六十七事。而三国之言《公羊》者，仅见魏河南尹丞高唐刘寔子真之撰《春秋条例》十一卷、《春秋公羊达义》三卷焉。晋武帝既禅魏祚，遂并吴国，盖镇南大将军京兆杜预元凯之谋为多。预博学多通，立功之后，从容无事，乃耽思经籍，为《春秋左氏经传集解》，分经之年与传之年相附，比其义类，特举刘歆、贾徽父子、许淑、颍容之违以见同异，大指以为："古今言《左氏春秋》者多矣，独刘子骏创通大义，贾景伯父子、许淑卿，皆先儒之美者也。末有颍子严者，虽浅近，亦复名家。其它可见者十数家，大体转相祖述，于丘明之传有所不通，皆没而不说，而更肤引《公羊》、《穀梁》，适足自乱。预今所以为异，专修丘明之传以释经。经之条贯，必出于传。传之义例，总归诸凡。其发凡以言例者五十，其别四十有九，皆经国之常制，周公之垂法，史书之旧章，仲尼从而修之，以成一经之通体。其微显阐幽、裁成义类者，皆据旧例而发义，指行事以正褒贬。诸称书、不书、先书、故书、不言、不称、书曰之类，皆所以起新旧、发大义，谓之变例。然亦有史所不书，即以为义者，此盖《春秋》新意，故传不言凡，曲而畅之也。其经无义例，因行事而言，则传直言其归趣而已，非例也。故发传之体有三，而为例之情有五：一曰微而显，文见于此，而起义在彼。称族尊君命、舍族尊夫人、梁亡、城缘陵之类是也。二曰志而晦，约言示制，推以知例。参会不地、与谋曰及之类是也。三曰婉而成章，曲从义训，以示大顺。诸所讳辟、璧假许田之类是也。四曰尽而不污，直书其事，具文见意。丹楹刻桷、天王求车、齐侯献捷之类是也。五曰惩恶而劝善，求名而亡，欲盖而章。书齐豹盗、三叛人名之类是也。推五体以寻经旨，简二传而去异端，盖丘明之志也。"又别集诸例及地名谱第历数，相与为部，凡四十部十五卷，皆显其异同，从而释之，名曰《释例》。又作《盟会图》、《春秋长历》，备成一家之学。比老乃成，自云有《左传》癖。然当时论者谓预文义质直，未之重。独秘书监长安挚虞仲洽赏之曰："左丘明本为《春秋》作传，而《左传》遂自孤行。《释例》本为《传》设，而所发明，何但《左传》。"盖《左氏》初行，学者不得其例，故傅会《公羊》以就其说，亦犹佛典初兴，学者多以老、庄皮傅。而预生诸儒后，始专以《左氏》凡例为揭橥，不复杂引二传，此其所以来"《左氏》忠臣"之称也。然后贤短预，或颇未同，究厥所以，条为三事：盖郑注《周礼》，先引杜、郑，韦注《国语》，明征贾、唐，言必称先，不敢掠美。预乃空举刘、贾、许、颖，而《集解》中不著其名，混昔贤于己说，迹近干没，其失一也。预解不举所出，刘与许、颖之说尽亡，贾、服二家，尚存厓略。预举四家而不及服，其失二也。长于星历地理，而吝于虫鱼鸟兽草木之名，又言地理，好为臆说，未能揆度远近，辄以影附今地，其失①三也。且又弃经信传，曲为之说，或直谓是经误。预自云有《左传》癖，若此之类，得不谓之癖欤？预之《集解》，与服虔并立国学，然预书盛行，而服义寝微。上党续咸孝宗师事预，专《春秋左氏》。又有东平刘兆延世者，与预同时，而治《春秋》不主墨守，以《春秋》一经而三家殊途，乃思三家之异，合而通之。《周礼》有调人之官，作《春秋调人》七万余言，皆论其首尾，使大义无乖，时有不合者，举其长义以通之。又为《春秋左氏解》，名曰《全综》，《公羊》、《穀梁》解诂，皆纳经传中，朱

---

① 失，原作"说"，据文意改。

书以别。而同时济北氾毓稚春之撰《春秋释疑》，亦合三传为之解注。二人书皆不传，倘预之所谓"肤引《公》、《穀》，适足自乱"者乎？既晋道中替，元帝践阼江左，诏《春秋左氏传》杜氏、服氏博士各一人。其《公羊》、《穀梁》省不置。太常荀崧以为不可，乃上疏曰："丘明书善礼，多膏腴美辞，张本继末以发明经意，信多奇伟。然公羊高亲受子夏，辞义清隽，断决明审，董仲舒之所善也。穀梁赤师徒相传，其书文清义约，诸所发明，或是《左氏》、《公羊》所不载，亦足有所订正。三传虽同曰《春秋》，而发端异趣，此则义则战争之场，辞亦剑戟之锋，于理不可得共。博士宜各置一人。"诏曰："《穀梁》肤浅，不足置博士。它如奏。"会有兵事，而《公羊》亦不卒立。然终东晋之世，言《公羊》者，仅车骑将车鄢陵庾翼稚恭问王愆期答之《春秋公羊论》二卷，著《隋书·经籍志》而已，殆绝学矣。言《穀梁》者则有广陵太守鲁国孔衍舒元之《春秋穀梁传》十四卷，豫章太守范宁武子《春秋穀梁传集解》十二卷、《春秋穀梁传例》一卷，骁骑将军①姑幕徐邈之《春秋穀梁传》十二卷、《春秋穀梁传义》十卷、《答春秋穀梁义》三卷，具著《隋书·经籍志》，罕有见者。独范宁之《集解》，获传于后焉。考宁之《穀梁》，本出家学，其父散骑常侍汪字玄平者，尝率门生故吏兄弟子侄，研讲六籍，次及三传。《左氏》则有服、杜之注，《公羊》则有何、严之训，而释《穀梁传》者虽近十家，皆肤浅末学，不经师匠，辞理典据，既无可观，又引《左氏》、《公羊》以解此传，文义违反，斯害也已。于是商略名例，敷陈疑滞，博示诸儒同异之说。至宁撰次诸子，各记姓名，故曰《集解》。惟《汉书·艺文志》载《公羊》、《穀梁》二家经十一卷，《穀梁传》十一卷，则经、传初亦别编，而宁《集解》乃分传附经并注之，疑即宁之所合。中"公观鱼于棠"、"葬桓王"、"杞伯来逆叔姬之丧"、"曹伯庐卒于师"、"天王杀其弟佞夫"五事，皆冠以"传曰"，惟"葬桓王"一事，与《左传》合，余皆不知所引何传。疑宁分传附经之时，皆冠以"传曰"，

---

① 骁，原作"饶"，据《隋书·经籍志》改。

如郑玄、王弼之《易》有"象曰"、"象曰"之例。传义未安，多称"未详"，经指不通，直云"不达"，不望文而曲说，不墨守以护传，多闻阙疑，盖慎之也。《晋书》本传称"其义精审，为世所重。既而徐邈复为之注，世亦称之"，是邈注在《集解》之后。今《集解》中乃多引邈注，未详其故。所著《春秋穀梁传例》一卷，今佚，然《集解》中时有"《传例》曰"，或学者以便研讨，而割裂其文，散附《集解》欤？然何休《解诂》专主《公羊》，杜预《集解》一宗《左氏》，虽义有拘阂，必曲为解说，盖家法然也。独范宁兼采三传，不主《穀梁》，开唐啖、赵、陆之先，异汉儒专家之学，盖经学至此一变。虽讥十家《穀梁》之引《左氏》、《公羊》，违反文义，而指在择善，多引杜预，此则述《左》家之义，说《穀梁》之传，己以讥人，而未自反者焉。杜预之玄孙曰坦，坦弟骥，于宋朝并为青州刺史，传其家业，故齐地多习《左传》杜《解》。北朝自魏末河北大儒徐遵明子判门下讲服《解》。平原张买奴，河间马敬德、邢峙，乐城张思伯，渤海刘昼、鲍季详、鲍长暄，并得服氏之精。又有卫凯、陈达、潘叔虔，虽不出徐氏之门，亦为通解。又有姚文安、秦道静，初亦学服氏，后更兼讲杜预所注。其江左儒生俱服膺杜氏。大抵南北所为章句好尚互有不同。河东崔灵恩遍习三传，撰有《左氏经传义》及《条例》、《公羊穀梁文句义》凡一百三十卷。而《左传》先习服解，仕魏，为太常博士，以天监十三年归梁，而服解不为江东所行，乃改说杜义，每文句常申服以难杜，遂著《左氏条义》以明之。时会稽虞僧诞为国子助教，最精杜学，因作《申杜难服》以答灵恩，世并传焉。杜《解》既行，而为义疏者，则有梁国子博士武康沈文阿国衡、隋太学博士景城刘炫光伯暨苏宽之属。然沈氏长于义理例，疏于经传。苏氏则全不体本文，惟旁攻贾、服。刘炫聪惠辨博，固为罕俦，然意在矜伐，性好非毁，规杜氏之失凡一百七十余事，习杜义而攻杜氏，或者比之蠹生于木而还食其木，非其理也。然视二家差有可观，所为规杜有骋臆失据者，亦有惬心餍理者。既唐太宗御世，国子祭酒孔颖达奉诏撰《春秋左传正义》，一宗杜《解》，而《疏》则损益刘炫而以沈文阿补其阙漏。惟杜

《解》既嫌强经就传，而孔《疏》亦过申杜抑刘，于刘之致规于杜者，一切以为非是，斯又笃信专门之过。而与共参定者，则有四门博士杨士勋焉。士勋兼明《穀梁》，又为范宁《春秋穀梁传集解》作疏。其书不及颖达杜《疏》之赅洽，然诸儒言《左传》者多，言《公》、《穀》者少，既乏凭借之资，而孔《疏》成于众手，此则出于一人，复鲜佐助之力，详略殊观，固其宜也。惟范宁《传例》全书已佚，散附《集解》，而《疏》中所引，有称"范氏略例"者，有称"范例"者，有称"范氏别例"者，凡二十余条，皆在《集解》所附之外，其云"别例"者，盖范氏注中已有例，而此别出故也。中如桓元年疏引范氏《例》云"《春秋》上下无王者凡一百有八"，庄二十二年"夏雨，大灾"疏引范《例》云"灾十有二，内则书日，外则书时"，闵二年"夏五月乙酉，吉禘于庄公"疏引范《略例》云"祭祀例有九，皆书月以示讥"，如此之类，皆胪次其事以见义类而已。盖《春秋》无达例，但属辞比事，胪列书法之同异，有可以心知其义者，则为之说，其不可知者，则阙之而不为曲说，斯可以推见范《例》之矜慎焉。士勋疏述之功，不可没也。《公羊传》自何休《解诂》以后，罕有为之疏者，世传徐彦，不知何代，其疏"葬桓王"一条①，全袭用杨士勋《穀梁传疏》，知在士勋之后，而《疏》文自设问答，文繁语复，或者故袭《公羊》之文体耶？惟《左传》附经，始于杜预，《穀梁》附经，疑自范宁，而《公羊传》附经，则不知始自何人。观何休《解诂》但释传而不释经，与杜、范异例，知汉末犹自别行。后世所传《汉石经》残字，《公羊传》亦无经文，足以互证。今本以传附经，或徐彦作《疏》之时所合并欤？自是《春秋》三传之疏备。然《春秋》之学，至唐而疏通证明，集汉诂之大成；亦至唐而风气独开，导宋学之先路。肃、代之世，有润州丹阳县主簿赵郡啖助叔佐者，明《春秋》，撰《统例》，务在考三传得失，弥缝阙漏，故其论多异先儒，如谓："《左传》非丘明所作。独详周、晋、齐、宋、楚、郑之事，乃左氏得此数国之史，以授门人，义则口传，未形竹帛。

---

① 一条，原作"条一"，据《四库提要》"春秋公羊传注疏"条乙正。

后代学者乃演而通之，编次年月以为传记，又杂采各国诸卿家传及卜书、梦书、占书、纵横、小说，故序事虽多，释经殊少，犹不若《公羊》、《穀梁》之于经为密。《公羊》、《穀梁》初亦口授。公羊名高，穀梁名赤，未必是实。《汉书》丘明授鲁曾申，申传吴起，自起六传至贾谊等说，亦皆附会。"又云："《春秋》之文简易。先儒各守一传，不肯相通，互相弹射，其弊滋甚。"自啖助之说出而风气渐变。大抵啖助以前，学者皆专门名家，苟有不通，宁言《经》误，其失也固陋。啖助以后，学者喜援《经》击《传》，其或未明，则凭私臆决，其失也穿凿。助之学，传于洋州刺史河东赵匡伯循、给事中吴郡陆淳伯冲。淳因助《统例》，仅成六卷，遂与助之子曰异者，衰录遗文，增纂《统例》，请匡损益，成《春秋集传纂例》十卷，又本褒贬之意，更为《春秋微旨》三卷，条别三传，折衷啖、赵，以朱墨记其胜否，又摭三传之不入《纂例》者，驳正啖、赵之说，以明去取之意，成《春秋集传辨疑》十卷。盖啖助之学，至淳而发挥旁通也。然淳之阐发师说，亦有变本而加厉者。啖助以为："《左氏》叙事虽多，解经意殊少。《公》、《穀》传经，密于《左氏》。然《左氏》比余传，其功最高，博采诸家，叙事尤备，能令百代之下，颇见本末，因以求意，经文可知。"则亦未其深非，至淳则直谓"《左氏》浅于《公》、《穀》，诬谬实繁"。啖助以为："左氏、公羊、穀梁皆孔门后之门人。但公、穀守经，左氏通史，其体异尔。惟三传之义，本皆口传，《左传》亦非丘明自作。"至淳则直谓："左氏非丘明。丘明，夫子以前贤人，如史佚、迟任之流。焚书之后，学者见《传》及《国语》俱题左氏，遂引以为丘明。然自古岂止一丘明姓左乎？且《左传》、《国语》，文体不伦，叙事多乖，定非一人所为也。"此则阐发师说而变本加厉者也。然今世所传合三传为一书者，实自淳之《纂例》始。淳本啖助之说，杂采三传，以意去取，合为此书，变专家为通学，是《春秋》经学一大变。宋儒治《春秋》者皆此一派。如平阳孙复明复之撰《春秋尊王发微》十二卷，新喻刘敞原父之撰《春秋权衡》十七卷、《春秋传》十五卷、《春秋意林》二卷、《春秋传说例》一卷，高邮孙觉莘老之《春秋经解》十三卷，涪陵崔子方彦直之撰《春秋经解》十二卷、《春秋本例》二十卷、《春秋例要》一卷，吴县叶梦得石林之撰《春秋传》二十卷、《春秋考》十六卷、《春秋谳》二十二卷，寿州吕本中居仁之撰《春秋集解》三十卷，崇安胡安国康侯之撰《春秋传》三十卷，鄞县高闶抑崇之撰《春秋集注》四十卷，瑞安陈傅良君举之撰《春秋后传》十二卷，南安吕大圭圭叔之撰《春秋或问》二十卷、附《春秋五论》一卷，眉山家铉翁则堂之撰《春秋详说》三十卷，皆焯然名家，著有成书者。其中以孙复为最先，刘敞为最优，而胡安国为最显。孙复沿啖、陆之余波，几于尽废三传。而刘敞则不尽从传，亦不尽废传，进退诸说，往往依经立义，不似复之意为断制。此亦说贵征实之一征也。胡安国之撰《春秋传》，自草创至于成书，初稿不留一字，其用意亦勤矣。顾其书作于南渡之后，故感激时事，往往借《春秋》以寓意，不必一一悉合于经旨，在宋儒《春秋》之书，名最高而品斯下焉。余考宋儒之说《春秋》者，盖往往推衍啖、陆之说。叶梦得曰："《左氏》传事不传义，是以详于史而事未必实。《公羊》、《穀梁》传义不传事，是以详于经而义未必当。"胡安国曰："事莫备于《左氏》，例莫明于《公羊》，义莫精于《穀梁》。"朱子曰："《左氏》是史学，《公》、《穀》是经学。史学者记得事却详，于道理上便差。经学者于义理上有功，然记事多误。"又曰："左氏曾见国史，考事颇精，只是不知大义，专去小处理会，往往不曾讲学。公、穀考事甚疏，然义理却精，二人乃是经生，传得许多说话，往往不曾见国史。"吕大圭曰："《左氏》熟于事，《公》、《穀》深于理。盖左氏曾见国史，而公、穀乃经生也。"此推衍啖助"公、穀守经，左氏通史"之说也。临川王安石介甫有《左氏解》一卷，证左氏非丘明者十一事，今佚其书，不知十一事者何据。或问程子曰："左氏是丘明否？"曰："传无丘明字，故不可考。"叶梦得撰《春秋谳》，据《左传》末载"韩、魏反而丧之"之语，谓"知伯亡时，左氏犹在"，断以为战国时人。莆田郑樵渔仲《六经奥论》云："《左氏》终纪韩、魏智伯之事，又举赵襄子之谥。若以为丘明，自获麟至襄子卒已八十年矣。使丘明与孔子同时，不应孔子既没七十有八年之后，丘明犹能著书。此左氏为六国人，明验一也。《左氏》：'战于麻隧，秦师败绩，获不更女父。'又云：'秦庶长鲍、庶长武帅师及晋师战于栎。'秦至孝公时，立赏级之爵，乃有不更、庶长之号。明验二也。左氏云：'虞不腊矣。'秦至惠王十二年初腊。明验三也。左氏师承邹衍之说而称帝王子孙。齐威王时，邹衍推五德终始之运。明验四也。《左氏》言分星，皆准堪舆。按韩、魏分晋之后，而堪舆十二次'始于赵分曰大梁'之语。明验五也。《左氏》云：'左师展将以公乘马而归。'按三代时，有车战，无骑兵，惟苏秦合从六国，始有'车千乘，骑万匹'之语。明验六也。《左氏》序吕相绝秦，声子说齐，其为雄辩狙诈，真游说之士，捭阖之辞。明验七也。左氏之书，序晋、楚事，如'楚师熸'、'犹拾沈'等语，则左氏为楚人。明验八也。据此八验，知左氏为六国时人，非丘明矣。"朱子亦谓："'虞不腊矣'为秦人之语。"与郑樵同。此推衍陆淳"左氏非丘明"之说也。惟重证验，主事实，殆有胜于陆淳之悬想凿空者焉。然宋自孙复之祖陆淳，人人以臆见说《春秋》，恶旧说之害己也，则举三传义例而废之，又恶《左氏》所载证据分明，不能纵横颠倒，惟所欲言也，则并举《左传》事迹而废之。譬诸治狱，务毁案牍之文，灭证佐之口，则是非曲直，乃可惟所断而莫之争也。独眉山苏辙子由撰《春秋集传》十二卷，大意以世人多师孙复，不复信史，故简别《公》、《穀》，一以《左氏》为本，盖二传之意测者难信而《左氏》之征史者有据也。金华吕祖谦伯恭之学，于《左传》最深，其发挥《左传》者，则有《春秋左氏传说》二十卷、《续说》十二卷、《东莱左氏博议》二十五卷。然据事抒论，意不在通经。福清林栗黄中撰《春秋经传集解》三十三卷，则尤专主《左氏》而黜《公》、《穀》。惟林栗指《左传》之"君子曰"为刘歆所加，而资州李石方丹著《左氏君子例》一卷，则以为《左传》有所谓"君子曰"者，盖皆示后学以褒贬大法云。蒲江魏了翁鹤山节录杜注、孔疏，每条前为标题，而系以先后次第，成《春秋左传要义》三十一卷。其书于疏中日月名氏之曲说，烦重琐屑者，多刊除不录，而名物度数之间，则删繁举要，本末粲然。盖左氏之书，详于典制,三代之文章礼乐,犹可以考见其大凡,其远胜《公》、《榖》,实在于此,了翁所辑,盖庶乎得其要领者。丹棱程公说克斋则取《春秋》经传,仿司马迁书,为年谱、名谱、历法、天文、五行、疆理、礼乐、征伐、职官诸书,周、鲁、齐、宋、晋、楚以下大小国《世本》,成《春秋分纪》九十卷,条别件系,附以序论。清儒顾栋高之《春秋大事表》大略仿焉。斯与魏了翁《春秋左传要义》俱为《左》学之津梁也。是皆刻意于《左氏》之书者,倘以厕于宋儒之间,殆所谓抗心独往,而不囿于时论者耶!元仁宗延祐二年,定科举经义经疑取士条格,《春秋》用三传及胡安国《传》。然祁门汪克宽德辅作《春秋纂疏》三十卷,一以安国为主。而明成祖命行在翰林院学士胡广等撰定《春秋大全》七十卷,即用克宽之《胡传纂疏》为蓝本焉。自是胡《传》行而三传悉废。儒者驯乃弃经不读,惟以安国之《传》为主,明儒所谓经义者,实安国之《传》义而已。故有明一代《春秋》之学为最陋,而其端实于元发之。此元、明两代之《春秋》学所为卑之无甚高论者也。独有可特笔者,元之二家,曰庆元程端学积斋,曰休宁赵汸子常;明之二家,曰长洲陆粲子余,曰太仓傅逊士凯。四人者,主张不同,方法亦不同。程端学作《春秋三传辨疑》二十卷,其书以攻驳三传为主,凡端学以为可疑者,皆摘录经文、传文,而疏辨于下,大抵先存一必欲废传之心,而百计以求其瑕类,求之不得,则以不可信一语概之。盖不信三传之说,创于啖助、陆淳,逮宋析为三派:有弃传而不驳传者,厥以孙复之《春秋尊王发微》为最著;有驳三传之义例者,厥以刘敞之《春秋权衡》为最著;有驳三传之典故者,厥以叶梦得之《春秋谳》为最著。至于端学,乃兼三派而用之,且并以《左传》为伪撰,推波助澜,罔顾其安。而作《春秋本义》三十卷,则颇能纠正胡安国《传》之失,而所采自三传而下,凡一百七十六家,中多宋儒孙复以后之说,其书佚者十之九,则可谓集宋学之大成者矣。至其作《春秋或问》十卷,则历举诸家,各加抨击,虽过疑三传,未免乖方,至于宋代诸儒,一切深刻琐碎之谈,附会牵合之论,罔不并举而摧陷焉。是搜采宋学之总汇者端学,而廓清宋儒之矫诬者亦端学也。至赵汸淹贯三传，所撰《春秋集传》十五卷、《春秋属辞》十五卷、《春秋左氏传补注》十卷，皆据传求经，多由考证得之，不似程端学之好骋臆说。盖汸之说《春秋》，以《左氏传》为主，注则宗杜预。《左》有不及者，以《公羊》《穀梁》二传通之；杜所不及者，以陈傅良《左传章旨》通之。其大旨谓："杜偏于《左》，傅良偏于《穀梁》。若用陈之长以补杜之短，用《公》《穀》之是以救《左传》之非，则两者兼得。笔削义例，触类贯通，传注得失，辨释悉当，不独有补于杜《解》，为功于《左传》，即圣人不言之旨，亦灼然可见。"因反复辨讨，出入百家，究其得失，即陈傅良《章旨》附于杜注之下，成《春秋左氏传补注》，于杜注有未备者，颇采孔颖达之疏畅述之，盖征实之学，与虚腾高论者终有别也。惟赵汸讥陈傅良《春秋后传》之贯通三传，谓"公、穀与左氏终是异师"，颇中其失。然汉尹更始之《章句》，晋刘兆之《全综》，已开贯通三传之先路，奚必独绳陈傅良以苛论矣！陈傅良之书，独存《春秋后传》《左传音旨》，世则罕睹，而汸所采录，宁只补杜注之遗阙，抑足存陈书之梗概焉。至无锡邵宝国贤，于明武宗时，著《左觿》一卷，颇发杜注之违，独惜其寥寥无多。陆粲乃著《左传附注》五卷，以驳正杜注、孔疏暨陆德明之《左传释文》，旁采诸家，断以己意，于训诂家颇为有裨。而傅逊著《左传属事》二十卷，则仿建安袁枢《纪事本末》之体，变编年为属事，事以题分，题以国分，更加考注，以订杜预之误，又著《左传注解辨误》二卷，则会众说以折衷之，杜注之误，有未经辨议者，亦创以己意，为之厘革。斯则《左氏》之忠臣，杜注之净友，而明儒之矫然特出者乎！清儒尊推汉学，与明儒异趣，然《公羊》垂绝复续，至晚清乃盛，而《穀梁》孤学，仅有传者，独《左氏》不绝于讲诵。其无惭《左氏》之忠臣，杜注之净友，而有光于前哲者，则有昆山顾炎武亭林之撰《左传杜解补正》三卷，衡阳王夫之而农之撰《春秋稗疏》二卷，吴江朱鹤龄长孺之撰《读左日钞》十四卷，泰州陈厚耀泗源之撰《春秋长历》十卷、《春秋世族谱》一卷，吴县惠士奇天牧之撰《半农春秋说》十五卷，惠栋定宇之《左传补注》六卷，吴江沈彤冠云之撰《春秋左氏传小疏》一卷,甘泉焦循理堂之撰《春秋左传补疏》五卷,阳湖洪亮吉稚存之撰《春秋左传诂》二十卷,钱唐梁履绳处素之撰《左通补释》三十二卷,吴县沈钦韩文起之撰《春秋左氏传补注》十二卷,桐城马宗琏鲁陈之撰《春秋左传补注》一卷,嘉兴李贻德次白之撰《春秋左传贾服注辑述》二十卷,皆能补苴罅漏,张皇幽眇,通贾、服之说,发杜氏之违,于左氏书有所阐明,而焦循、沈彤特斥杜预注《左》,以成司马氏之篡弑,语有证佐,最推深识。然就《左氏》而论,犹为掇拾细故,未究大体。独无锡顾栋高震沧之撰《春秋大事表》五十卷,错比全书,创意为表,天文有《时令表》、《朔闰表》、《长历拾遗表》、《天文表》、《五行表》,地理有《列国疆域表》、《列国犬牙相错表》、《列国都邑表》、《列国山川表》、《列国险要表》、《城筑表》,国际有《列国爵姓及存灭表》、《齐楚争盟表》、《宋楚争盟表》、《晋楚争盟表》、《吴晋争盟表》、《齐晋争盟表》、《秦晋交兵表》、《晋楚交兵表》、《吴楚交兵表》、《吴越交兵表》、《齐鲁交兵表》、《鲁邾莒交兵表》、《宋郑交兵表》、《兵谋表》、《四裔表》、《齐纪郑许宋曹吞灭表》,内政有《列国官制表》、《刑赏表》、《田赋军旅表》、《王迹拾遗表》、《鲁政下逮表》、《晋中军表》、《楚令尹表》、《宋执政表》、《郑执政表》、《乱贼表》,典礼有《吉礼表》、《凶礼表》、《宾礼表》、《军礼表》、《嘉礼表》,人物有《列国姓氏表》、《卿大夫世系表》、《人物表》、《列女表》,考文有《三传异同表》、《阙文表》、《左传引据诗书易三经表》、《杜注正讹表》,凡百三十一篇,类聚区分,以列《春秋》大事,略与宋程公说之作《春秋分纪》同,然条理详明,考证典核,较公说书实为过之。其辨论诸篇,引据博洽,议论精确,多发前人所未发,亦非公说所可及,信千古之绝作也。亦有体大思精,父子祖孙,家世相嬗,而莫殚其业者。则有如仪征刘文淇孟瞻,生于道光之世,研精古籍,贯串群经,于《左氏传》致力尤勤,尝谓:"《左氏》之义,为杜注剥蚀已久,其稍可观览者,皆系袭取旧说。"发凡创例,撰《左传旧注疏证》,先取贾、服、郑三君之注,疏通证明,凡杜氏所排击者纠正之,所剿袭者表明之,其沿用韦氏《国语注》者,亦一一疏记。他如许慎《五经异义》所载《左氏》说，皆本《左氏》先师，《说文》所引《左传》，亦是古文家说；《汉书·五行志》所载刘子骏说，实《左氏》一家之学；又如经疏、史注及《御览》等书所引《左传》注，不载姓名，而与杜注异者，亦是贾、服旧说。凡若此者，皆称为旧注，而加以疏证。其顾、惠注补及洪亮吉、沈彤、焦循等人专释《左氏》之书，以及钱、戴、段、王诸家诂训，说有可采，咸与登列，末始下以己意，定其从违。上稽先秦诸子，下考唐以前史书，旁及杂家笔记文集，皆取为证佐，期于实事求是，俾《左氏》之大义，炳然复明。草创四十年，长编已具，然后依次排比成书，顾未及写定而卒。其子毓崧伯山继之，会天下大乱，年五十卒，迄未成书。其子寿曾恭甫又继之，亦以夭死，仅卒襄公。三世一经，赍志踵殁，滋可哀也。清祚垂衰，朴学亦绝。经生矫厉，斯称章、刘。刘师培申叔者，刘文淇之曾孙，而寿曾之犹子也，少承先业，以《春秋》三传同主诠经，《左传》为书，说尤赅备，审其义例，或经无传著，或经略传详，以传勘经，知笔削所昭，类存微旨。汉儒说《左氏》，据本传以明经义，凡经字相同，即为同旨。又引月冠事，明经有系月、不系月之分，创获实多，亦较二传为密。爰阐厥科条，举同词同指、同词异实、褒贬互见、错文见异、变文为例、文实殊指、内外异词、时日月例，成《春秋左传例略》一书。余杭章炳麟太炎与师培驩好，亦治《左》学，以为《左氏》古义最微，非极引周、秦、西汉先师之说，则其术不崇，非极为论难辨析，则其义不明，故以浅露分别之词，申深迂优雅之旨，发疑正读，成《春秋左传读》一书。又据桓谭《新论》，谓刘向以《穀梁》名家，而亦呻吟《左氏》，《说苑》、《新序》、《列女传》中所举《左氏》事义六七十条，其间一字偶易，正可见古文《左传》不同今本，而子政之改易古文代以训诂者，亦皆可睹。盖字与今异者，则可见河间古文，训与今异者，则本之贾生训故。抽绎古义，次第其文，成《刘子政左氏说》，以纠《汉书》称歆治《左氏》，向不能非间，犹自持《穀梁》义之违谬，斯可谓輓近《左学》之后劲者矣。《穀梁》与《左氏》同出鲁学，然《穀梁》自昔孤微，清中叶以后稍振。其著书立说，差自名家者，则有海州许桂林同叔之

《榖梁释例》四卷,番禺侯康君谟之《榖梁礼证》二卷,丹徒柳兴恩宾叔之《榖梁大义述》七卷,嘉善钟文烝朝美之《榖梁补注》二十四卷。而柳兴恩之治《榖梁》,专从善于经入手,而善经则以述辞比事为据,事与辞则以《春秋》日月等名例定之,扶翼孤经,于《榖梁》家为有条贯云。《公羊》与《左氏》义相反对,与《榖梁》亦非同趣。而曲阜孔广森抚约撰《春秋公羊通义》十一卷,兼援《左》、《榖》,未明家法,又其三科、九旨,不遵何氏,而别立时日月为天道科,讥贬绝为王法科,尊亲贤为人情科,如是则以日月名字为褒贬,《公羊》与《榖梁》何异,言《公羊》学者不重之,然清儒之言《公羊》者,盖自广森开其端。而武进庄存与方耕著《春秋正辞》九卷,宏发《公羊》,刊落训诂名物之末,而专求所谓微言大义者。其同县外孙刘逢禄申受继之,昌衍其绪,以正孔广森,以为:"无三科、九旨,则无《公羊》。无《公羊》,则无《春秋》。《春秋》因鲁史以明王法,改周制而俟后圣,犹六书之假借,说《诗》之断章取义。故虽以齐襄、楚灵之无道,祭仲、石曼姑、叔术之嫌疑,皆假之以明讨贼复仇让国之义,事实不予而文予。《左氏》详于事,而《春秋》重义不重事。《左氏》不言例,而《春秋》有例,无达例。惟其不重事,故存十一于千百,所不书多于所书。惟其无达例,故有贵贱不嫌同号,美恶不嫌同辞,以为待贬绝不待贬绝之分,以寓一见不再见之义。《春秋》立百王之法,岂为一人一事设哉。故曰:'于所见微其辞,于所闻痛其祸,于所传闻杀其恩。'此一义也,榖梁氏所不及知也。于所传闻世见拨乱致治,于所闻世见治升平,于所见世见太平。此又一义也,即治《公羊》者,亦或未之信也。"于是寻其条贯,正其统纪,为《公羊春秋何氏释例》三十篇,凡何氏所谓"非常异义可怪之论",如"张三世"、"通三统"、"绌周王鲁"、"受命改制"诸义,次第归纳而为之敷畅,以微言大义刺讥褒讳挹损之文辞,洞然推极属辞比事之道,又成《笺说》、《答难》、《决狱》等凡十一书,盖自汉以来之言《公羊》者,莫之逮也。江都凌曙晓楼者,精熟郑氏《礼》,能通其要。既闻刘逢禄论何氏《春秋》,大好之。深念《春秋》之义,存于《公羊》,而《公羊》之学,传自董子，董子《春秋繁露》原天以尊礼，援比以贯类，旨奥词赜，莫得其会通，乃博稽旁讨，承意仪志，梳其章，栉其句，为《注》十七卷。又不慊于徐彦之《公羊疏》，欲改为之而未暇，成《公羊礼疏》十一卷、《公羊礼说》一卷、《公羊问答》一卷。句容陈立卓人，从曙学，兼习《公羊春秋》、郑氏《礼》，而于《公羊》用力尤深，钩稽贯串，自汉儒治《公羊》家言者董仲舒、司马迁以下逮清儒孔抚约、庄存与、刘逢禄诸家，悉加董讨而裁以己意，其礼制则折衷师说而竺宗郑氏，撰成《春秋公羊传义疏》七十六卷，而于何氏有引申，无违异，盖严守疏不破注之例也。斯亦何氏之悌弟，而《公羊》之忠臣矣。然世儒之学《左氏》者，必绌《公羊》；学《公羊》者，亦绌《左氏》。刘逢禄论《左氏》书，据《史记》本名《左氏春秋》，若《晏子春秋》、《吕氏春秋》比。自王莽时，国师刘歆增设条例，推衍事迹，强以为传《春秋》，冀夺《公羊》博士师法。所当以《春秋》归之《春秋》，《左氏》归之《左氏》，而删其书法凡例及论断之缪于大义、孤章断句之依附经文者，庶以存《左氏》之本真，俾攻《左》者不得为口实。成《左氏春秋考证》二卷。自唐以来，难《左》诸家，盖未有详考博辨如刘氏此书者也。论者以比《尚书》之太原阎若璩《尚书古文疏证》一书焉。顾近儒章炳麟则诃为摘发同异，比盗憎主人，盖尝驳难其说，累三万言，以弁于《春秋左传读》之编首。而南海康有为长素著《新学伪经考》，则又谓"《春秋左氏传》暨《周礼》、《逸礼》及《诗》之《毛传》，凡西汉末刘歆所力争立博士者，皆刘歆伪作以成新莽篡汉之计者也"。"新学"者，谓"新莽之学"。盖并摈《春秋左氏传》诸书于汉学之外，殆视刘逢禄之说为尤甚。而有为尤敢为非常异义可怪之论，托改制以言变法，张三世以说进化，著有《春秋董氏学》、《孔子改制考》等书，而定《春秋》为孔子改制创作之书。谓"文字不过其符号，如电报之密码，如乐谱之音符，非口授不能明。又不惟《春秋》而已，凡六经皆孔子所作。昔人言孔子删述者误也。孔子盖自立一宗旨而凭之以进退古人，去取古籍。孔子改制，恒托于古。尧、舜者，孔子所托也，其人有无不可知，即有亦至寻常。经典中尧、舜之盛德大业,皆孔子理想上所构成也。又不惟孔子而已,周秦诸子,罔不改制,罔不托古,老子之托黄帝,墨子之托大禹,许行之托神农是也"。虽然,近儒祖述何休以言《公羊》者,如刘逢禄、陈立之伦,皆言改制,而有为之说实有不同寻常者,盖有为所谓"改制"者,即政治革命、社会进化之意也,故喜言通三统。三统者,谓夏、商、周三代不同,当随时因革也。喜言张三世。三世,谓据乱世、升平世、太平世,愈改而愈进也。既以授弟子新会梁启超任公。师弟于喁,薪实见诸行事,而有戊戌之政变,功虽不成,众论归高。一时士夫之骛变法维新者,益喜言《公羊》矣。然章炳麟专攻《左氏》,而无害于言革命,谓"贾逵言'《左氏》义深君父',此与《公羊》反对之词耳。若夫称国弑君,明其无道,则不得以'义深君父'为解。杜预于此,最为闳通。而近世焦循、沈彤辈,多谓预借此以助司马昭之弑高贵乡公,则所谓'焦明已翔乎寥廓,弋者犹视乎薮泽'也"。善化皮锡瑞鹿门,作《春秋通论》,扬推三传,而归重于《公羊》,据《孟子》"孔子作《春秋》而乱臣贼子惧"之说,谓"《春秋》大义,在诛讨乱贼,而《左氏》'弑君称君君无道'之例,揆之《春秋》,大义有乖。杜预奸言诬圣,曲畅其说",持论又殊章氏。则是以志行之不同而判从违,宁必所学之殊耶?纂《春秋志》第六。

小学志第七

　　上古结绳而治。书契者,盖作于黄帝之史仓颉,览鸟兽蹄远之迹,依类象形,故谓之文。其后形声相益,即谓之字。文者,物象之本;字者,孳乳而寖多也。故独体为文,合体为字。著于竹帛谓之书,书者,如也。书之体用有六:一曰指事。指事者,视而可识,察而见意,上下①是也。二曰象形。象形者,书成其物,随体诘屈,日月是也。三曰形声。形声者,以事为名,取譬相成,江河是也。四曰会意。会意者,比类合谊,以见指㧑,武信是也。五曰转注。转注者,建类一首,同意相受,考老是也。六曰假借。假借者,本无其字,依声托事,令长是也。谓之六书。其中指事、象形二者,皆独体之文也,形声、会意二者,则合体之字。惟会意两体皆主义,而形声则一体主义,一体主声兼义。四者,字之体也。至转注之"建类一首",殆形制之归纳法,而假借之"依声托事",则声义之演绎法。二者,字之所由孳乳,充类至尽,而广字之用者也。然则六书之作,权舆于文,孳乳于字。而字之孳乳,盖形声相配尽之矣。以形为经,以声为纬,而天下之物尽。以声为经,以形为纬,而天下之义备。物不能逃乎形,义弗能离于声。形归类而建部首,声各义而从某声。父之诏子,师之诏弟,若先授以部首,使知天下之共名,则明孳乳之字以类分。如知水字,则江河湖海知为水类;知木字,则桃杏梅李知为木类。授以某声,使知天下之音义,则从某声之字以音比。如娶从取声,为取女义;衷从中声,为中衣之义。察其形声相配,而字之名义,罔不了然心目间,故识一物而众物明,通一声而

---

　　① 上下,原作"二二",据《群书考索》改。

众声会也。然则六书之孳乳，不外形声相配，而一切文字之体用，要归六书。古者八岁入小学，故《周官》保氏掌养国子，教之六书，谓指事、象形、形声、会意、转注、假借也。汉兴，萧何造律，亦著其法，曰："太史试学童，能讽书九千字以上，乃得为史。"自是称书学为小学也。夫六经孔、孟之书以载道，所以明道者辞也，所以成辞者字也。学者当由字以通其辞，由辞以通其道。宋儒讥训诂之学而轻语言文字，是犹渡江河而弃舟楫也。然则小学者，经学之委也，故以殿于篇。惟汉以后儒者之言小学，有言形制者，有言声韵者，有尽形声之用而言训诂者，而形制为之基。

我闻在昔，仓颉帝史，肇兴文字，鸟迹兽远，厥名古文。继以虫鱼，古古相积。五帝三王之世，改易殊体，封于泰山者七十有二代，靡有同焉。及周宣王太史籀著大篆十五篇所称《史籀篇》者，周时史官教学童书也，与古文或异。至孔子书六经，左丘明述《春秋传》，皆以古文。其后诸侯力政，不统于王，恶礼乐之害己，而皆去其籍，言语异声，文字异形。秦始皇帝初兼天下，丞相李斯乃奏同之，罢不与秦文合者，作《仓颉篇》七章，中车府令赵高作《爰历篇》六章，太史令胡毋敬作《博学篇》七章，皆取史籀大篆，或颇省改，所谓小篆者也。是时始建隶书矣，起于官狱多事，删古立隶，苟趋省易，施之于徒隶，作之自程邈也。汉兴，闾里书师，合《仓颉》、《爰历》、《博学》三篇，断六十字以为一章，凡五十五章，并为《仓颉篇》。武帝时司马相如作《凡将篇》，无复字。元帝时黄门令史游作《急就篇》，成帝时将作大匠李长作《元尚篇》，皆《仓颉》中正字也。《凡将》则颇有出矣。至平帝元始五年，征天下通小学者沛人爰礼等以百数，各令记字于未央庭中。黄门侍郎蜀郡扬雄子云取其有用者以作《训纂篇》，顺续《仓颉》，又易《仓颉》中重复之字，凡八十九章，五千三百四十字。惟《仓颉》多古字，俗师失其读，宣帝时征齐人能通《仓颉》读者。河东张敞子高从受之，传至外孙凉州刺史魏郡杜业子夏之子曰林伯山者，为作《仓颉训纂》、《仓颉故》各一篇，具载《汉书·艺文志》。独史游《急就篇》传，凡四卷三十四章，其字略以类从，而不立门目，解散隶体，以所变章草法书之。至东汉，扶风班固孟坚续扬雄《训纂》作十三章，无复字。扬雄《训纂》终于"滂熹"二字。和帝时，郎中贾鲂又用此二字为篇目，续成《滂熹篇》，而终于"彦均"二字，合《仓颉》、《训纂》称曰《三仓》，凡百二十三章，七千三百八十字，六艺群书所载略备矣。然自史游以下，咸以李斯《仓颉篇》为本。安帝之世，太尉南阁祭酒汝南许慎叔重以为汉代暴秦，承用隶体，即大篆亦将废弃，何论古文。故因当时之体，采通人之言，溯古籀之迹，作《说文解字》，其意盖《尚书》载尧以来，《史记》托始五帝之义，而以秦汉小篆为主，则荀卿子"法后王"之义，取其适于时用也，凡十四篇，合《目录》一篇，为十五篇，分五百四十部，为文九千三百五十三，重文一千一百六十三，注十三万三千四百四十一字。其建首也，立一为耑，聚类群分，共理相贯，杂而不越，据形系联，引而申之，以究万原，毕终于亥，后世之言小学者宗焉。北海郑玄康成注《三礼》，各引《说文》一事。献帝时，扶风曹喜仲则、颍川邯郸淳于叔、京兆韦诞仲将、河东卫觊伯儒，皆以篆法授受。而觊好古文，鸟篆草隶，无所不善。淳善仓雅虫篆许氏字指，魏初传古文者，出于邯郸淳。魏又有清河张揖稚让，作《埤仓》三卷、《古今字诂》三卷、《难字错误字》各一卷，掖庭右丞周氏，作《杂字解诂》四卷，周成作《解文字》七卷，曹侯彦作《古今字苑》十卷，蜀有太子中庶子郭显卿，作《古今字苑》十卷，具见《隋书·经籍①志》。方之许书，古今体用，或得或失。而吴之好《说文》者，称彭城严峻曼才焉。既晋代魏禅，卫觊之孙曰恒巨山者，善草隶书，能世其学，撰《四体书势》一卷，最为人传诵。而东莱嶷令吕忱则表上《字林》六卷，以补许慎《说文》书所阙遗，其中有《说文》本无而增补者，有《说文》本有而字各异体者，然于许氏部叙，初无移徙。萧梁之世，黄门侍郎兼太学博士吴郡顾野王希冯者，于篆隶奇字，无所不通，乃因《说文》造《玉篇》三十卷，其部叙既有所增降

---

① 籍，原作"籀"，误。

损益，其文又增多于《字林》。《唐六典》载书学博士以《石经》、《说文》、《字林》教士。《字林》之学，阅晋、宋、齐、梁、陈，至唐极盛，论者以为《说文》之亚。今字书传世者，莫古于《说文》、《玉篇》，而《字林》实承《说文》之绪，开《玉篇》之先者也。北朝魏符节令陈留江式法安亦依许氏《说文》为本，撰《古今文字》四十卷，大体以许氏书为主，及梅传孔氏《尚书》、《五经音注》、《籀篇》、《尔雅》、《三仓》、《凡将》、《方言》、《通俗文》、《祖文宗》、《埤仓》、《广雅》、《古今字诂》、《三字石经》、《字林》、《韵集》、诸赋文字有六书之谊者，以类编联，文无复重，统为一部，其古籀、奇惑、俗隶诸体，咸使班于篆下，各有区别，训诂假借之谊，随文而解，可谓有造于许氏者也。至唐肃宗时，处士富春孙强复修顾野王《玉篇》，愈多增其文，世行之《玉篇》本，盖非野王之旧，而强所修也。然许慎专为篆学，而野王杂于隶书，用世既久，故篆学愈微。野王虽曰推本许慎，而追逐世好，颇改慎旧。自强以下，固无讥焉。代宗之世，赵郡李阳冰少温独擅篆学，与秦丞相李斯齐名，时称中兴。盖唐以《说文》立博士，习之者多，而阳冰尤精也，更刊定《说文》，仍祖许慎，然颇出私意，诋诃于慎，学者恨之。其后谭小学者，宋则有洛阳郭忠恕恕先之《汗简》、《佩觿》，湖州张有谦中之《复古篇》，元则有永嘉戴侗仲达之《六书故》，兖州杨桓武子之《六书统》，饶州周伯琦伯温之《说文字原》、《六书正讹》，明则有余姚赵㧑谦古则之《六书本义》，衢州叶秉敬敬君之《字孪》，其大旨皆不违于许氏。其间传述之功，则以南唐二徐为最。二徐者，盖广陵徐铉鼎臣、徐锴楚金兄弟。锴撰《说文系传》凡八篇四十卷，首《通释》三十卷，以许慎《说文解字》十五篇，篇析为二，凡锴所发明及征引经传者，悉加"臣锴曰"、"臣锴案"字以别之，继以《部叙》二卷，《通论》三卷，《祛妄》、《类聚》、《错综》、《疑义》、《系述》各一卷，《祛妄》斥李阳冰臆说，《疑义》举《说文》偏旁所有而阙其字者，又篆体笔画相承小异者，《部叙》拟《易·序卦传》以明《说文》五百四十部先后之次，《类聚》则举字之相比为义者，如一二三四之类，《错综》则旁推六书之旨，通诸人事以尽其意，终以《系述》，则犹《史记》之《自叙》。名之曰《系传》者，盖尊许氏书若经也。铉又苦许氏书偏旁奥密，不可意知，因令锴以《切韵》谱其四声，取便检阅，而铉为锴篆之，名曰《说文解字篆韵谱》。凡五卷，小篆皆有音训，无音训者，则慎书所附之重文，注史字者籀书，注古字者古文也。所注颇为简略，盖六书之义，已具《系传》耳。《系传》书成未布而南唐亡，锴亦卒。铉入宋为太子率更，以太宗雍熙三年奉诏与句中立、葛湍、王惟恭等刊定《说文》，其字为《说文》注义序例所载而诸部不见者，悉为补录，又有经典相承，时俗要用，而《说文》不载者，亦皆增加，别题之曰新附字。其本有正体而俗书讹变者，则辨于注中，其违戾六书者，则别列卷末，或注义未备，更为补释，亦题"臣铉等案"以别之，音切则一以孙愐《唐韵》为定。以篇帙繁重，每卷各分上下，后世所行毛晋刊本是也。自是铉之校理，锴之《系传》，胥为后世治许氏学者所宗，谓之大徐、小徐是也。郭忠恕撰《汗简》四卷，与大小徐同时，其分部分隶诸字，用古文之偏旁，而从《说文》之旧，征引古文七十一家，时薛尚功等之书未出，故钟鼎阙焉。然后之谈古文者，辗转援据，大抵从此书相贩鬻，则忠恕所编，实为诸书之根柢，未可忘所自来矣。至据三代钟鼎彝器以考古文者，盖自钱唐薛尚功用敏撰《历代钟鼎彝器款识》始也。元、明以来，《说文》之学渐微，则语录性理间之也。不坠前型，差强人意者，惟周伯奇、戴侗、叶秉敬诸家耳，余等自郐无讥焉。独清儒武进臧礼堂和贵之著《说文引经考》，乌程严可均景文之著《说文天算考》、《说文声类》，皆有专门独到之功。阳湖孙星衍渊如考魏三体石经残字，校《仓颉篇》，皆以《说文解字》为根据。而金坛段玉裁懋堂积数十年之力，治《说文解字》，尤为有功许氏。以徐铉校本颇有更易，不若锴为不失许氏之旧，顾其中尚有为后人窜改者、漏落者、失其次者，一一考而复之，作长编，名曰《说文解字读》，悉有佐证，不同臆说，详稽博辨，既而简练成注，仍铉校，分三十卷，大致谓："《说文》五百四十部，次第以形相联。每部之中，次第以义相属。每字之下，兼说其古义古形古音。训释者，古义也；象某形，从某某声者，古形也;云某声,云读若某者,古音也。三者合而一篆乃完也。其引经传,有引以说古义者,以转注假借分观之。如《虞书》曰'至于岱宗,柴',《诗》曰'祝祭于祊',说字之本义也。如《商书》曰'无有作妖',《周书》曰'布重莫席',说假借此字之义也。有引以说古形者,如《易》曰'百穀草木丽于地',说麗从草丽之意,《易》曰'豐其屋',说亶从宀豐之意,《易》曰'突如其来如',说亡从倒子之意是也。有引以说古音者,如馘读若《诗》'施罟濊濊',盫读若'予违汝弼'是也。学者以其说求之,斯《说文》无不可通之处,斯经传无不可通之处矣。"自以为揉诸经义,例以许书,以字考经,以经考字,昭然若发蒙也。时元和江艮庭声者,生平服膺许氏,不为行楷者数十年,凡尺牍率皆依《说文》书之,为《说文解字考证》,既见玉裁之注,多自符合,叹服辍稿焉。故其书精实通博,非前之传《说文》者可及。惟吴县钮树玉非石作《段氏说文注订》,订其义例,邹伯奇有《读段注说文札记》,纠其牴牾,而段氏之书,终为治《说文》者所不废也。树玉著有《说文解字校记》三十卷,《说文新附考》七卷。曲阜桂未谷馥谓"训诂不明,不足以通经",日取《说文》与诸经之义相疏证,为《说文辨字义证》五十卷,然征引群书,不加断制,或有类书之讥。安邱王筠贯山著有《说文释例》二十卷,盖即许氏书而释其条例,其目曰《六书总①说》,曰《指事》,曰《象形》,曰《形声》,曰《亦声》,曰《一全一省》,曰《两借》,曰《以双声字为声》,曰《一字数音》,曰《形声之失》,曰《会意》,曰《转注》,曰《假借》,曰《夵②饰》,曰《籀文好重叠》,曰《或体》,曰《俗体》,曰《同部重文》,曰《异部重文》,曰《分别文累增字》,曰《叠文同异》,曰《体同音义异》,曰《互从》,曰《展转相从》,曰《母从子》,曰《说文与经典互易字》,曰《列文次第》,曰《列文变例》,曰《说解正例》,曰《说解变例》,曰《一曰》,曰《非字者不出于说解》,曰《同意》,曰《阙》,曰《读若直指》,曰《读若本义》,

---

① 总,原作统,据《说文释例》改。
② 夵,原作"彰"。

曰《读同①》，曰《读若引经》，曰《读若引谚》，曰《声读同字》，曰《双声
叠韵》，曰《挩文》，曰《衍文》，曰《误字》，曰《补篆》，曰《删篆》，曰《迻
篆》，曰《改篆》，曰《观文》，曰《纠徐》，曰《钞存》，曰《存疑》，其自《指
事》至《列文变例》皆论篆籀，自《说解正例》至《双声叠韵》皆论说解，
自《挩文》至末则皆臆说，而《存疑》则订许氏之误兼订段玉裁②注之误，
虽例目失之繁多，论说或有穿凿，然条举许氏书所称引而部分之，便
于学者。惟许氏书虽明形体，而于形声训诂间亦述及，然以诠明本义
为宗，群书中文字义训之不合于《说文》者，多属通假，段玉裁②注乃
由通假以推求本字，犹未宣究，至元和朱骏声丰芑撰《说文通训定声》
十八卷，更畅发之。但骏声仅求之于同韵，而晻于双声相借，又不明
旁转对转之条，粗有补苴，犹不免于专断。近儒仪征刘师培申叔撰
《古本字考》，余杭章炳麟太炎撰《小学答问》，乃于许氏书本字、借字
流变之迹，甄明益众。炳麟又读许氏书，叙称："仓颉作书，依类象形，
其后形声相益，即谓之字。文者物象之本，字者言孳乳寖多。"以为：
"独体者，仓颉之文；合体者，后王之字。古文大篆虽残缺，仓颉之文，
固悉在许氏书也。"于是刺取许氏书独体，命以初文，其诸省变及合体
象形指事，与声具而形残，若同体复重者，谓之准初文，都五百十字，
集为四百三十七条，讨其类物，比其声均，音义相雠，谓之变易，义自
音衍，谓之孳乳，比而次之，得五六千名，撰成《文始》九卷，所以明形
体声类之更相扶胥，异于偏旓之议。若夫卤、枽同语，囧、櫺一文，天
即为颠，语本于囟，臣即为牵，义通于玄，屮、出、岜、壬，同种而禅，廾、
巨、爻、互，连理而发，斯盖先哲之所未谕，炳麟之所独晓也。自是学
者道原穷流，读刘师培《古本字考》及炳麟《小学答问》，而本字、借字
之流变明；次读炳麟《文始》，而文字之流变亦明。小学之条例至炳麟
益精切，而小学之境宇亦至炳麟斯恢宏焉。惟自宋儒薛尚功诸人而

----

① 同，原作"阙"，误。
② 裁，原作"裂"，误。

后，治小学者喜据三代钟鼎彝器款识以考证古文，乃云"李斯作篆，已多承误，叔重沿而不治"，至欲改易经记，独炳麟证为未然，而著意于《文始·叙例》，以为"古文自汉时所见，独孔子壁中书，更王莽、赤眉丧乱，至于建武，《史篇》亦十亡三四，《说文》徒以秦篆苴合古籀，非不欲备，势不可也。然《仓颉》、《爰历》、《博学》三篇，才[①]三千三百字。《凡将》、《训纂》继之，纵不增倍，已轶出秦篆外。盖古籀及六国时书，骎骎复出，而班固尤好古文，作十三章，网罗成周之文及诸山川鼎彝盖众。《说文》最字九千，视秦篆三之矣。此则古籀愁遗，其梗概具在《说文》。犹有不备，《礼经》古文、《周官》故书、《三体石经》、陈仓[②]《石鼓》之伦，亦足裨补一二。自宋以降，地藏所发，真伪交糅，数器相应，足以保任不疑。即暂见一二器者，宜在盖阙，虽捃摭不具，则无伤于故训也。若乃荧眩奇字，不审词言之符，譬之瘖聋，盖何足选"。斯诚矫枉救敝之论。然殷虚甲骨文字出土清季，而考古文者别得径途，珍如球璧焉。盖殷商文字，昔人惟于三代钟鼎彝器间见之，然其数颇少。至光绪时，河南安阳县西北五里之小屯，洹水厓岸为水啮，有龟甲牛骨出土，上镌古文字，以其地三周环洹水，盖《史记·项羽本纪》所称"洹水南，殷虚上"者，或者遂定为殷商文字云。有估客携千余片至京师，为福山王懿荣连孙所得。会拳祸作，懿荣被杀，其所藏悉归丹徒刘鹗铁云。而洹水之虚，土人于农隙掘地，岁皆有得，亦归于鹗，都鹗先后得四千五百余片焉。然论殷虚甲骨收藏之富，莫如上虞罗振玉叔言，盖三万片云。其余散在诸家者，亦当以万计。而驻彰德之某国牧师，所藏亦且近万片。其拓墨影印成书者，有刘鹗之《铁云藏龟》十册，罗振玉之《殷虚书契前编》八卷、《后编》二卷、《殷虚书契菁华》一卷、《铁云藏龟之余》一卷。后英人哈同氏复购得刘鹗所藏之一部八百片，影印《戬寿堂所藏殷虚文字》一卷，则多出《铁云藏龟》之

---

① 才，原作"财"。
② 陈，原作"随"，误。

外。所刻文字,皆殷王室所卜祭祀征伐行幸田猎之事,故殷先公先王及土地之名,所见甚众。又其文字之数,比三代钟鼎彝器尤多且古,故裨益于古文之考证者尤大。惟事类多同,故文字亦有重复。刘鹗所印,未及编类,而罗振玉则分别部居,去其重复,选印称最精纯。此殷虚文字之影印也。其最先考释者,瑞安孙诒让仲容即《铁云藏龟》考其文字,于光绪甲辰成《契文举例》二卷。虽创获无多,而殷虚文字之考释,实自此始。其后罗振玉之《殷商贞卜文字考》《殷虚书契考释》《殷虚书契待问编》,海宁王国维静庵之《戬寿堂所藏殷虚文字考释》,先后成书。而殷人文字之获考释者,且什之五六焉。此实近二十年来治文字学者之一大成功也,故特表而出之。形制明而后言声韵。

韵书始于魏晋,然生民之初,必先有声音而后有言语,有语言而后有文字。诗歌之作,应在书契以前,但求其声之叶,不求其文之工也。《尚书》非有韵之文也。夔之典乐,依永和声,其声韵之始乎?皋陶赓歌,明良康、喜起熙之词,皆韵文也。商周风、雅、颂存于今者,盖三百篇。作诗者虽未必如今人之检韵以求叶,然今人之考古音者,惟据《诗》三百及经子有韵之文足以互证。《易》象辞如“初筮告,再三渎”之类,盖屋、沃古通也;爻辞如“需于血,出自穴”,皆在屑韵;“长子帅师,弟子舆尸”,皆在支韵,则古今所同也。《文言》“同声相应,同气相求。水流湿,火就燥”,求、燥同韵,与箕子《麦秀歌》相同,则古今迥异也。《礼记·曲礼》首章:“毋不敬,俨若思。安定辞,安民哉。”思、辞、哉同韵。其余韵文散见于《礼经》之中者,则不可枚举矣。《仪礼》士冠礼、士婚礼之醮辞,《周官·考工记》之梓人祭侯辞、栗氏量铭,皆有韵之文也。《春秋左氏传》之筮辞童谣,舆诵谚语,亦有韵之文也。故近世考古韵者,大抵取群经有韵之文,折衷于《诗》三百,而后谛煌以上之元音,乃复显于世。既风雅寝声,下降战国,奇文郁起,其《离骚》哉。考之屈、宋之作,其音往往与三百篇合,而三百篇所无者,则又往往与周、秦、汉、魏之歌谣诗赋合,其为上古之音何疑?而《荀子》

第二十六篇曰《赋》,有《礼赋》《知赋》《云赋》《蚕赋》《箴赋》,鼎立于风、骚之间,倘亦谭先秦古音者之所取资,而为有韵文之大宗焉。至汉高皇《大风》之歌,汉武帝《秋风》之辞,以及魏武帝横槊赋诗,所用之韵,皆与今韵为近,非若先秦以上之音,诘屈聱牙也。《文选》录汉魏人诗赋及箴铭颂赞之属,其有韵之文,多于群经诸子。而史游《急就》、焦氏《易林》,全书用韵,故考证汉韵,比考证经韵尤易。惜唐人自撰《唐韵》,汉人未尝自撰《汉韵》也。郑玄注六经,许慎撰《说文》,但云音某或读若某而已。自后汉佛法行于中国,得西域胡书,能以十四字贯一切音,谓之婆罗门书。自是字母传入中国。而乐安孙炎叔然作《尔雅音义》,乃创反语,而声音之道备。盖反语生于双声,双声生于字母。字母以一字贯众字之音,而等韵明;反语以二字定一字之音,而切韵出。切,即反也。两字互相切,谓之反,取反复之义,亦谓之翻,如同泰之反为大通,桑落之反为索郎是也。两字切一字,磨切而出声谓之切,德红之切东,徒红之切同是也。亦谓之纽,有正纽,有倒纽,有旁纽,不越一反。反也,切也,纽也,名异而实同。等韵之法,以若干母贯穿天下无穷之字。而切韵则以同母之字出切,以同韵之字定声也。至魏,此事大行。王肃《周易音》用反语者十余条,见陆德明《经典释文·叙例》。王弼注《易》,亦有反切两事,而高贵乡公不解,反以为怪异。自兹厥后,音韵锋出。曹魏左校令李登撰《声类》十卷,凡万一千五百二十字。东晋安复令吕静吕忱之弟撰《韵集》六卷,中宫、商、角、徵、羽各一卷,时音有五而声未四也。南齐汝南周颙彦伦始作《四声切韵》。梁吴兴沈约休文继之,撰《四声谱》,以为在昔词人,累千载不悟,而独得胸襟,自谓入神之作,而韵谱成矣。初,沈约与陈郡谢朓玄晖、琅玡王①融元长在齐永明时,以气类相推,为文皆用宫商,将平、上、去、入四声,以此制韵,世呼永明体。独梁武帝不好焉,问周舍周颙之子曰:"何谓四声?"舍应声曰:"天子圣哲。"然帝竟不

---

① 王下原有"肃"字,据《南齐书·陆厥传》删。

甚遵用约,而四声之说自此兴也。夫汉人课籀隶,始为字书,以通文字之学。江左竞风骚,始为韵书,以通声音之学。然汉儒识文字而不识声音,既昧造字之本。倘江左之儒,知纵有平上去入四声为韵谱,而不知衡有宫商角徵羽半商半徵七音为字母,亦宁为晓立韵之源?字母起自西域。后汉婆罗门书虽不传,而释藏译经字母,自晋僧伽婆罗以下可考者尚十二家,然以之翻胡经,而未以制国音。纽字之图,亦创沈约,见引于唐僧神珙《四声五音九弄反纽图》序者可证也。初,吴郡顾野王希冯造《玉篇》,中载古切字要法之"因烟"、"人然"、"新鲜"、"饧涎"、"迎妍"、"零连"、"清千"、"宾边"、"经坚"、"神禅"、"秦前"、"宁年"、"寅延"、"真毡"、"娉偏"、"澄陈"、"平便"、"擎虔"、"轻牵"、"称燀"、"丁颠"、"兴掀"、"汀天"、"精笺"、"民眠"、"声羶"、"刑贤"、"芬番"、"文橇"、"亭田"凡三十类,盖即沈约《纽字图》之所由本,而为后世言字母者之祖焉。乃宋儒郑樵讥"江左之儒,识四声而不识七音",其然岂其然乎?独沈约《纽字》之图,不传于后,为可惜耳。然自秦、汉之文,其音已渐戾于古,至东京益甚。而沈约作谱,乃不能上据《雅》、《南》,旁采骚、子,以成不刊之典,而仅按班、张以下诸人之赋、曹、刘以下诸人之诗所用之音撰为定本,于是今音行而古音亡,为音学之一变。隋文帝时,陆法言偕颜之推、萧该、刘臻等八人,本沈约旨,共相撰集,是谓《切韵》,凡五卷,二百六部,万二千一百五十八字。唐郭知元、关亮、薛峋、王仁煦、祝尚丘等因陆书,递有增益。玄宗之世,有孙愐者,乃以《切韵》为谬,重为刊正,别为《唐韵》。唐僧神珙或称神珙,六朝僧。然据《四声五音九弄反纽图》序引南阳释处忠撰《元和韵谱》,知此神珙元和以后人。始定三十字母。后有僧守温者益以六字。今所传牙音"见"、"溪"、"群"、"疑",即顾野王《玉篇》载古切字要法之"经坚"、"轻牵"、"擎虔"、"迎妍"也;舌头音"端"、"透"、"定"、"泥",即古切字要法之"丁颠"、"汀天"、"亭田"、"宁年"也;舌上音"知"、"彻"、"澄"、"娘",即古切字要法之"真毡"、"称燀"、"澄陈"、"迎妍"也;重唇音"帮"、"滂"、"并"、"明",即古切字要法之"宾边"、"娉偏"、"平便"、

"民眠"也；轻唇音"非"、"敷"、"奉"、"微"，即古切字要法之"芬蕃"、非敷"文橅"、奉微也；齿头音"精"、"清"、"从"、"心"、"邪"，即古切字要法之"精笺"、"清千"、"秦前"、"新鲜"、"饧涎"也；正齿音"照"、"穿"、"状"、"审"、"禅"，即古切字要法之"真毡"、"称燀"、"澄陈"、"声羶"、"神禅"也；喉音"影"、"晓"、"喻"、"匣"，即古切字要法之"因烟"、"兴掀"、"寅延"、"刑贤"也；半舌音"来"，即古切字要法之"零连"；而半齿音"舌"，则"人然"也。设以七音相配，则牙音者角，齿音者商，舌音者徵，喉音者宫，唇音者羽，半舌音者半徵，半齿音者半商。于是三十六母全而国音定也。迨宋真宗以景德四年，诏陈彭年、邵雍等校定《切韵》五卷，凡二万六千一百九十四字，注十九万一千六百九十二言，大中祥符四年书成，赐名《大宋重修广韵》，以《切韵》亦名《广韵》也。《宋史①·艺文志》皆载陆法言《广韵》五卷，则法言《切韵》亦兼《广韵》之名，故陈彭年等校定本增题"大宋重修"四字②。自是《广韵》行而《唐韵》亡。然宋初徐铉奉诏校许慎《说文》，在重修《广韵》以前，所用翻切，一从《唐韵》，是《唐韵》亡而不亡也。迨清献县纪容舒迟叟作《唐韵考》五卷，以为："翻切之法，其上字必同母，下字必同部，谓之音和。间有用类隔之法者，亦仅假借其上字，而不假借其下字。因其翻切下一字，参互钩稽，辗转相证，犹可得其部分。"乃取《说文》所载《唐韵》，翻切排比，析归各类，乃知《唐韵》部分与《大宋重修广韵》同。盖《唐韵》之作，亦以刊正隋陆法言《切韵》。而法言《切韵》近始出土敦煌千佛洞石室，益以纪氏之《唐韵考》，而隋、唐、宋音韵变迁之迹可考也。至宋仁宗时，太常博士直史馆宋祁、太常丞直史馆郑戬等建言："陈彭年、邵雍所定《广韵》，多用旧文，繁略失当。"因诏祁、戬与国子监直讲贾昌朝、王洙同加修定，刑部郎中知制诰丁度、礼部员外郎知制诰李淑为之典领，凡成书十卷，中平声四卷，上去入各二卷，共五万三千五百

---

① 史，原作"书"，误。
② 字，原作"本"，误。

二十五字,视《重修广韵》增二万七千三百三十二字,是字如孳乳寖
多,音韵亦寖多矣,盖即世所传《集①韵》云。世又传有夏县司马光君
实《切韵指掌图》者,序称:"仁宗诏丁度、李淑增崇韵学,自许叔重而
降,凡数十家,总为《集韵》。余得旨继纂其职。书成上之,有诏颁
焉。"则是《集韵》成于司马光之手也。又考之《切韵指掌图》序,司马
光盖因纂《集韵》,科别清浊,成《切韵指掌图》二卷,大指以三十六字
母,总三百八十四声,别为二十图。取同音、同母、同韵、同等四者皆
同,谓之音和。取唇重唇轻、舌头舌上、齿头正齿三音中清浊同者,谓
之类隔。是音和统三十六字母,类隔统唇齿舌等二十六母也。同归
一母,则为双声。同出一韵,则为叠韵。同韵而分两切者,谓之凭切。
同音而分两韵者,谓之凭韵。辨开阖以分轻重,审轻重以订虚实。言
等韵者宗焉。或者以为《切韵指掌图》非司马光作。独等韵之说,自
后汉与佛经俱来。然《隋书》仅有十四音之说,而不明其例。《华严》
四十二字母,亦自为梵音,不隶以中国之字。而神珙之图,附载《玉
篇》,仅粗举大纲,具体而微。其有成书传世者,仅光此图与《四声等
子》为最古。《四声等子》,或出辽僧行均,而此图疑南宋人依托《集
韵》,袭《四声等子》之所作,不必出光手笔也。然闽县孙奕景山作《示
儿编》,辨"不"字作"逋骨切",一则曰"今以司马公之《切韵》考之",再
则曰"自温公之图出而音始定",知宋人信图为光之作,而据以为定韵
之张本矣。《广韵》《集韵》虽为敕修之书,然仁宗以还,颁学官而遵
行者,盖不为《广韵》《集韵》而为《礼部韵略》。特《礼部韵略》有二
本:其一曰《附释文互注礼部韵略》者,仁宗时刑部郎中知制诰丁度
奉敕撰也;其一曰《增修互注礼部韵略》者,南宋时衢州免解进士毛晃
父子所增修也。宋初程试,用韵漫无章程,故闽士至有以"天道如何,
仰之弥高"叶韵者。至仁宗敕撰此书,虽专为科举设,而字之去取,既
经廷评,又付公论,故较他韵书特谨严。然收字颇狭,止九千五百九

---

① 集,原作"切",据文意改。

十字。著为令式，迄南宋不改。毛晃搜采典籍，依韵增附，并厘订音义字画之误，凡增订四千八百三十一字，其子居正续拾所遗，复增一千四百二字，即所谓《增韵》者是也。父子相继，用力颇勤，但不知古今文字音韵之殊，往往以古音入律诗，借声为本读，或以引汉律断唐狱少之，不古不今，殊难依据。徒以便于程试，遵用颇广，亦利禄之途则然。然而韵书规模未大变也。自金韩道昭据《广韵》、《集韵》撰《五音集韵》，始以七音四等三十六母颠倒唐、宋之字纽，而韵书一变。金王文郁增并《礼部韵略》成《平水韵略》，南宋刘渊因之，刻《淳祐壬子新刊礼部韵略》，始以上下平各十五，上去各三十，入声十七，合一百七部，合并唐宋之二百六部，而韵书又一变。嘉定钱大昕曰："后人往往以平水为刘渊。考元椠《平水韵略》卷首有河间许古序，乃知《平水韵》王文郁所撰，后题'正大六年己丑'，则文郁书成于金哀宗时，非宋人也。刘渊刊王文郁《平水韵略》而去其序，故某公终以刘渊所撰也。"兹从其说。至元昭武熊忠子中撰《古今韵会举要》三十卷，字纽遵韩道昭法，部分遵王文郁例，兼二家所变而用之，而韵书旧第至是尽变无遗。而其力排历来韵书之江左吴音，则尤为后来《洪武正韵》之所本。然而历来韵书之造作不经，罔有过于《洪武正韵》者也。《洪武正韵》者，盖明太祖敕翰林侍讲学士乐韶凤、宋濂等纂修，其注释一以毛晃父子《增韵》为稿本，书成于洪武八年，而宋濂奉敕为之序。大旨斥沈约为吴音，一以中原之韵更正其失，并平、上、去三声各为二十二部，入声为十部，于是古来相传之二百六部，并为七十有六焉。然考《隋书·经籍志》载沈约《四声》一卷，新、旧《唐书》皆不著录，是其书至唐已佚，而唐以来之《唐韵》、《广韵》、《集韵》诸韵书，皆以陆法言《切韵》为蓝本。濂序乃以陆法言以来之韵，指为沈约，殊为失据。而陆法言《切韵》序则明明载"开皇初，仪同刘臻等八人同诣法言，论及音韵，以今声调既自有别，诸公取舍亦复不同。吴、楚则时伤轻浅，燕、赵则多伤重浊，秦、陇则去声为入，梁、益则平声似去，江东取韵，与河北复殊。因论南北是非，古今通塞，欲更捃选精切，除削疏缓。萧、颜多所决定。魏著作谓法言曰:'向有论难,疑处悉尽。我辈数人,定则定矣。'法言即烛下握笔,略记纲纪"。今《广韵》之首列同定八人,其中刘臻沛国相人,颜之推琅邪临沂人,卢思道范阳涿人,萧该兰陵人,辛德源陇西狄道人,薛道衡河东汾阴人,而陆法言则临漳人。其人有南有北,且北人多而南人少,则非惟韵不定于吴人,而序中"江左取韵"诸语,且亦明斥吴音之失,安得复指为吴音?濂在明初,号为宿学,宁知诬妄不经若此。盖明太祖既欲重造韵书,以更古人,如不诬古人以罪,则改之无名。濂亦曲学阿世,强为舞文耳。然终明之世,竟不能行于天下,则是是非之心,终有不可夺者。元、明以来,朝廷颁行学宫之韵书,盖一以南宋刘渊重刊王文郁《平水韵略》为蓝本。于是宋韵行而唐韵亦亡,为隋、唐以来音学之又一变。而音韵名家,则专以讨论古音为功,谥《平水韵略》曰今韵,以为今古音淆,无所用之也。南宋以降,专著一书以辨明古音者,盖自武夷吴棫才老始也。考棫之著书,有《诗补音》《楚辞释音》《韵补》三种。其《诗补音》《楚辞释音》,类能依据本文,互相比较,推求古读。朱子注《诗》释《骚》,有取焉。书佚不传,独传《韵补》五卷,乃牴牾百端。然后来言古音者,皆从此而推阐加密,荜路之功,不可没也。厥后用吴棫《韵补》之例而搜采赅备者,则有明新都杨慎升庵之《古音丛目》《古音猎要》《古音余》《古音附录》四书,虽各为卷帙,而核其体例,全仿吴棫《韵补》,以今韵分部而分隶以古音之相协者,知本为一书。顾慎之读书虽多于棫,而韵学亦疏,故援据秦、汉古书颇繁富,而时时舛漏牴牾,与棫同讥。然慎撰《古音略例》一卷,取《易》《诗》《礼记》《楚词》《老》《庄》《荀》《管》诸子有韵之词,标为略例。若《易》例"日昃之离",离音罗,与歌、嗟为韵;"三岁不觌",觌音徒谷切,与木、谷为韵;"并受其福",福音偪,与食、汲为韵;"吾与尔靡之",靡音磨,与和为韵;《诗》"嘒彼小星,惟参与昴①",昴音旄,下文"抱衾与裯",裯音调,"实命不犹",犹音摇,昴、裯、犹为韵,

---

① 昴,原作"昂",误。

咸于古音有据。而慎又谓"吴棫于《诗》'棘心夭夭，母氏劬劳'，劳必叶音僚；'我思肥泉，兹之永叹'，叹必叶他洎切。不思古韵宽缓，如字读，自可叶，何必劳唇齿，费简册"。其论亦颇足纠正吴棫之说，而视《古音丛目》四书实为胜焉。然掇拾成书，有离有合，终不如清儒昆山顾炎武宁人、婺源江永慎修诸人之能本末融贯也。顾炎武作《音学五书》，江永作《古韵标准》，以经证经，推究古音，始独探本真，廓清妄论。而开除先路，则明连江陈第季立撰《毛诗古音考》四卷，实为首功。大旨以为古人之音，原与今异，凡今所称叶韵，皆即古人之本音，非随意改读，辗读牵就。如"母"必读"米"，"马"必读"姥"，"京"必读"疆"，"福"必读"偪"之类，历考诸篇，悉截然不紊。又《左》、《国》、《易》象、《离骚》、《楚词》、秦碑、汉赋以至上古歌谣箴铭颂赞，往往多与《诗》合，可以互证。于是排比经文，参以群籍，定为本证、旁证二条。本证者，《诗》自相证，以探古音之源。旁证者，他经所载以及秦、汉以下去风雅未远者，以竟古音之委，而采《易》独详者，以时世近而音声同也。钩稽参验，所列四百四十四字，言必有征，视宋儒执今韵部分妄以通古音者，相去盖万万矣。此书卷帙无多，然欲求古韵之津梁，舍是无由也。第既撰《毛诗古音考》，复以《楚词》去风人未远，亦古音之遗，乃取屈原、宋玉所著骚赋三十八篇，韵与今殊者二百三十四字，推其本音，与《毛诗古音考》互相发明，成《屈宋古音义》三卷。惟每字列本证，旁证则间附字下，不另为条，与《毛诗古音考》体例小异，以前书已明故也。自陈第作《毛诗古音考》、《屈宋古音义》，而古音之门径始明。然创辟榛芜，犹未及研求邃密。至顾炎武乃探讨本原，推寻经传，作《音学五书》，曰《音论》、《诗本音》、《易音》、《唐韵正》、《古音表》，大指持杨慎"古人韵缓，不烦改字"、陈第"古诗无叶韵"之说。《诗本音》但即本经所用之音，互相参考，每诗皆全列经文，而注音句下，与今韵合者注曰《广韵》某部，与今韵异者即注曰古音某，大抵密于陈第而疏于江永，故永作《古韵标准》，驳正炎武者颇多，然合者十九，不合者十一。南宋吴棫以来古韵叶读之谬论，至此始一一廓清，厥功尤巨。自序谓："潜心《广韵》，发悟于中，而旁通其说，于是据唐韵以正宋韵之失，据古经以正沈约、唐韵之失，而三代以上之音，部分秩如。乃列古今音之变，而究其所以不同，为《音论》二卷；考正三代以上之音，注三百五篇，为《诗本音》十卷；注《易》，为《易音》三卷；辨沈氏部分之误，而一一以古音定之，为《唐韵正》二十卷；综古音为十部，为《古音表》二卷。自是而六经之文乃可读，其他诸子之书，离合有之，而不甚远。"诚哉有味言之也。然炎武之治古音，盖一以《广韵》为依据，而《广韵》者，虽今韵之宗，其以推迹古音，犹从部次。故炎武据《广韵》二百六部，作《唐韵正》、《古音表》，始分古韵为十部。《东》《冬》《钟》《江》第一，《支》《脂》《之》《微》《齐》《佳》《皆》《灰》《咍》第二，《鱼》《虞》《模》《侯》第三，《真》《谆》《臻》《文》《殷》《元》《魂》《痕》《寒》①《桓》《删》《山》《先》《仙》第四，《萧》《宵》《肴》《豪》《幽》第五，《歌》《戈》《麻》第六，《阳》《唐》第七，《耕》《清》《青》②第八，《蒸》《登》第九，《侵》《覃》《谈》《盐》《添》《咸》《衔》《严》《凡》第十，而《支韵》半属第二，半属第六，《尤韵》半属第二，半属第五，《麻韵》半属第六，半属第三，《庚韵》半属第七，半属第八，又入声四部，《质》《栉》《术》《物》《迄》《月》《没》《曷》《末》《黠》《鎋》《屑》《薛》《麦》《锡》《职》《德》属第二部，兼《屋》《昔》二韵字，《屋》《浊》《铎》《陌》《昔》属第二部，兼《沃》《觉》《药》《麦》四韵字，《沃》《觉》《药》属第五部，兼《屋》《铎》《锡》三韵字，《缉》《合》《盍》《叶》《帖》《洽》《狎》《业》《乏》③属第十部。然江永订其于《三百篇》所用有未合者，作《古韵标准》，分十三部。第一部《东》《冬》《钟》《江》，第二部《支》《脂》《之》《微》《齐》《佳》《皆》《灰》《咍》，分《尤》韵字属焉，第三部《鱼》《虞》《模》，分《麻》韵字属焉，第四部《真》《谆》《臻》《文》《殷》《魂》《痕》，分《先》韵字属焉，第五部《元》《寒》《桓》《删》《山》《先》《仙》，第六部《萧》《宵》《肴》《豪》，第七部《歌》《戈》《麻》，分《支》韵字属焉，第八部《阳》《唐》，分《庚》韵字属焉，第九部《庚》《清》《耕》《青》，第十部《蒸》《登》，第十一部《尤》《侯》《幽》，分《虞》《萧》《肴》《宵》《豪》韵字属焉，第十二部《侵》，分《覃》《谈》《盐》韵字属焉，第十三部《覃》《谈》《盐》《添》《咸》《严》《衔》

---

① 《寒》韵原无，据《古音表》补。
② 青，原作"香"，误。
③ 乏，原作"之"，误。

《凡》。又入声八部,第一部《屋》《沃》《烛》《觉》,第二部《质》《术》《栉》《物》《迄》,分《屑》《薛》韵字属焉,第三部《月》《曷》《末》《黠》《鎋》《屑》《薛》,第四部《药》《铎》,分《沃》《觉》《陌》《麦》《昔》《锡》韵字属焉,第五部《麦》《昔》《锡》,第六部《职》《德》,分《麦》韵字属焉,第七部《缉》,分《合》《叶》《洽》韵字属焉,第八部《合》《盍》《叶》《帖》《业》《狎》《乏》。惟以《诗三百篇》为主,谓之《诗韵》,而以周、秦以下音之近古者附之,谓之《补韵》,视诸家界限较明。其弟子休宁戴震东原受韵学于江氏,而复古之志益锐,力辨反切始于孙炎,不始神珙,撰《声韵考》,分为七类,后作《声类表》,分九类,一平声《歌》《戈》《麻》《鱼》《虞》《模》,入声《铎》,二平声《蒸》《登》《之》《咍》,入声《职》《德》,三平声《东》《冬》《钟》《江》《尤》《侯》《幽》,入声《屋》《沃》《烛》《觉》,四平声《阳》《唐》《萧》《宵》《肴》《豪》,入声《药》,五平声《庚》《耕》《清》《青》《支》《佳》,入声《陌》《麦》《昔》《锡》,六平声《真》《臻》《谆》《文》《欣》《魂》《痕》《先》《脂》《微》《齐》《皆》《灰》,入声《质》《术》《栉》《物》《迄》《没》《屑》,七平声《元》《寒》《桓》《删》《山》《仙》,去声《祭》《泰》《夬》《废》,入声《月》《曷》《末》《黠》《鎋》《薛》,八平声《侵》《盐》《添》,入声《缉》,九平声《覃》《谈》《咸》《衔》《严》《凡》,入声《合》《盍》《叶》《帖》《业》《洽》《狎》《乏》。而以喉一类、鼻二三四五类、舌六七类、唇八九类四音分收九类焉。至金坛段玉裁懋堂作《六书音均表》,乃分古韵为十七部,第一部《之》《咍》,第二部《萧》《宵》《肴》《豪》,第三部《尤》《幽》,第四部《侯》,第五部《鱼》《虞》《模》,第六部《蒸》《登》,第七部《侵》《盐》《帖》,第八部《覃》《谈》《咸》《衔》《严》《凡》,第九部《东》《冬》《钟》《江》,第十部《阳》《唐》,第十一部《庚》《耕》《清》《青》,第十二部《真》《臻》《先》,第十三部《谆》《文》《欣》《魂》《痕》,第十四部《元》《寒》《桓》《删》《山》《仙》,第十五部《脂》《微》《齐》《皆》《灰》,第十六部《支》《佳》,第十七部《歌》《戈》《麻》。入声八部,《职》《德》属第一部,《屋》《沃》《烛》《觉》属第三部,《药》《铎》属第五部,《缉》《叶》《帖》属第七部,《合》《盍》《洽》《狎》《业》《乏》属第八部,《质》《栉》《屑》属第十二部,《术》《物》《迄》《月》《末》《曷》《没》《黠》《鎋》《薛》属第十五部,《陌》《麦》《昔》《锡》属第十六部。别《支》《佳》为一,《脂》《微》《齐》《皆》《灰》为一,《之》《咍》为一,《职》《德》者,《之》之入,《术》《物》《迄》《月》《没》《曷》《末》《黠》《鎋》《薛》者,《脂》之入,《陌》《麦》《旨》《锡》者,《支》之入,自唐、虞至陈、隋有韵之文,无不印合，而《歌》《麻》近《支》，《文》《元》《寒》《删》近《脂》，《尤》《幽》近《之》，古音今音，皆可得其条贯，自以为泛滥《毛诗》，理顺节解，因其自然，足补顾炎武、江永二家部分之未备也。曲阜孔广森挈约自以生陈第、顾炎武之后，辨去叶音，识所指归，而据段玉裁《六书音均表》折衷诸家，疏通证明，即《广韵》以为柢，指《毛诗》以为正，而知声者，从其偏旁而类之者也。文字虽多，类其偏旁，不过数百，苟不知推偏旁以谐众声，虽遍①引六经诸子之韵语，而字终不能尽也。乃即偏旁之见于《诗》者而类之，撰《诗声类》，分十八部：曰《元之属》，《耕之属》，《真之属》，《阳之属》，《东之属》，《冬之属》，《侵之属》，《蒸之属》，《谈之属》，是为阳声者九。曰《歌之属》，《支之属》，《脂之属》，《鱼之属》，《侯之属》，《幽之属》，《宵之属》，《之之属》，《合之属》，是为阴声者九。阴阳相配，可以对转。自谓"独抱遗经，研求豁悟，分阴分阳，九部之大纲，转阳转阴，五方之殊音，旁引博证，于向之不可得韵者，皆一以贯之，无牵强疑滞"也。大抵清儒治音，竺志于古，而前修未密，后出转精，发明对转，孔氏尤殊胜也。若其整次五音，必本字母。旧云双声，而清之学者，多精言韵，双声罕究，虽以顾炎武之好学不倦，而稽古有余，审音或滞。江永复过信字母，奉若科律。段、孔以降，含隐不言。独嘉定钱大昕莘楣差次古今，乃知舌上古归舌头，轻唇古读重唇。扶服之为匍匐，伏牺之为庖牺，佛之如弼，繁之如鼙，敷之如布，古读轻唇如重唇之证也。中之如得，竺之为笃，陈之如田，姪之读徒结切，古音舌上归舌头之证也。然后宫商有准，八风从律，斯则清儒之治古音者。定韵莫察乎孔广森，审母莫辨乎钱大昕，而有开必先，舍顾炎武莫属，虽有损益，百世可知也。近儒余杭章炳麟太炎又以为孔广森知阴阳声相配之可以对转，而不知阴阳声同列之亦可旁转，钱大昕知古音之舌上归舌头，轻唇归重唇，而不知古音舌上《娘》母、半齿《日》母之并归舌头《泥》母，于是作《成均图》以推究孔氏未发之指，

---

① 遍，原作"偏"，误。

作《古音娘日二纽归泥说》、《古双声说》，以究明钱氏未尽之蕴，具见《国故论衡》，亦可谓潜心古音，独阐新义者也。声韵明而后言训诂。

时有古今，犹地有东西南北，相隔远，则言语不通矣。地远，则有翻译；时远，则有训诂。有翻译，则能使胡越如比邻；有训诂，则能使古今为旦暮。诂者，古今之异言；训者，谓字有意义也。训诂之书，莫古《尔雅》。《大戴礼·孔子三朝记》称孔子教鲁哀公学《尔雅》，则《尔雅》之来远矣。然不云《尔雅》为谁作。据魏清河张揖稚让《进广雅表》称："周公著《尔雅》一篇。今俗所传三卷，或言仲尼所增，或言子夏所益，或言叔孙通所补，或言沛郡梁文所考，皆解家所说，疑莫能明也。"谓之《尔雅》者，尔，近；雅，正也。正者，虞、夏、商、周建都之地之正言也。近正者，各国近于王都之正言也。语言因地域而殊，文字又随语言而异。学者举今语以释古语，引方言以证雅言，犹之殊语之互相翻译。班固谓："古文读应《尔雅》，故解古今语而可知。"子所雅言，《诗》、《书》、执礼。雅言者，诵《诗》读《书》，从周之正言，不为鲁之方言。而执礼者，诏相礼仪，亦依雅言称说，而不为俚俗也。《小雅》、《大雅》者，皆周《诗》之正言也。《大戴礼·小辨篇》："《尔雅》以观于古，足以辨言。"故曰："《尔雅》者，所以总绝代之离词，辨同实而殊号者也。"凡《释诂》、《释言》、《释训》、《释亲》、《释宫》、《释器》、《释乐》、《释天》、《释地》、《释丘》、《释山》、《释水》、《释草》、《释木》、《释虫》、《释鱼》、《释鸟》、《释兽》、《释畜》十九篇。汉初，经始萌芽，《尔雅》尝立博士，故蜀郡扬雄子云《方言》以为孔子门徒解释六艺，会稽王充仲任《论衡》亦以为五经之训故，然释五经者不及十之三四。今观其文，有取《山海经》者，有取《穆天子传》者，有取《管子》者，有取《尸子》者，有取《庄子》、《列子》者，有取《国语》者，有取《楚辞》者，大抵采周、秦诸子传记之名义训诂以辨异同而广见闻，宁只为解经作哉？以隶经部，实为不伦也。是盖古代训诂学之权舆。汉人解经，《书》有《大小夏侯解故》，《诗》有《鲁故》、《齐后氏故》、《齐孙氏故》、《韩故》、《毛诗故训传》，杜林有《苍颉故》，具载《汉书·艺文志》，今其书皆不传。惟扬雄之《方言》十三卷,北海刘熙成国之《释名》八卷,厥为后来言训诂者所宗焉。然余考《汉书·艺文志》及《扬雄传》备载雄之著书,不及《方言》一字,而许慎《说文解字》引雄说,皆不见于《方言》,其义训用《方言》者,又不言扬雄,至汉末应劭撰《风俗通义》,序始称雄作,疑依托也。然据方语以释雅言,正与《尔雅·释诂》"释古今异言,通方俗殊语"之例相合。至刘熙《释名》从音求义,以同声相谐,推论称名辨物之意,而去古未远,可以推见古音古器物之遗,诚九流之津涉,六艺之钤键,学览者之潭奥,摛翰者之华苑也。魏明帝时,博士张揖继两汉经师之后,参考往籍,遍记所闻,凡万七千三百二十六字,撰《广雅》七卷,分别部居,依乎《尔雅》,凡所不载,悉著于篇。其自《易》、《书》、《诗》、《三礼》、《三传》经师之训,《论语》、《孟子》、《鸿烈》、《法言》之注,《楚辞》、汉赋之解,谶纬①之记,《仓颉》、《训纂》、《滂喜》、《方言》、《说文》之说,靡所不采,然后周、秦、两汉古义之传于后者,可据以证得失,而其散逸不传者,亦借以窥端绪。曰《广雅》者,云广《尔雅》所未及也。斯盖并《尔雅》、《方言》、《释②名》三书骖驾而驷矣。后之言训诂者,胥崇为不祧之祖焉。汉、魏之世,注《尔雅》者十余家,可考见者,犍为文学注二卷、刘歆注三卷、樊光注六卷、李巡注三卷、孙炎注三卷,五家而已。顾晋著作郎河东郭璞③景纯者,独以诸家纷谬,多未详备,乃缀集异闻,荟萃旧说,考方国之语,采谣俗之志,错综樊、孙,博关群言,事有隐滞,援据征之,如"遂怃大东"称《诗》,"钊我周王"称逸《书④》,所见尚多古本,盖去汉未远也,注多可据,后人虽迭为补正,然宏纲大指,终不出其范畴也。自是璞注行而诸家悉废。其后宋翰林侍讲学士济阴邢昺叔明于真宗时,奉敕为璞注作疏,多掇拾《毛诗正义》掩为己说,惟其引证《尸子·广泽篇》、《仁意篇》,则非今人所及

---

① 纬,原作"讳",误。
② 释,原作"说",误。
③ 璞,原作"朴",误。
④ 书,原作"诗",据《尔雅注疏》改。

睹,至犍为文学、樊光、李巡之注,见唐吴县陆元朗德明《经典释文》者,虽多所遗漏,然疏家之体,惟明本注,注所未及,例不旁搜,此不得以咎昺也。宋儒之治《尔雅》者不鲜,神宗时有山阴陆佃农师者,亦注《尔雅》,书不传。今传者,所撰《埤雅》二十卷中,《释鱼》三卷、《释兽》三卷、《释鸟》四卷、《释虫》二卷、《释马》一卷、《释木》二卷、《释草》四卷、《释天》二卷。其释诸物,大抵略于形状者详于名义,寻究偏旁,比附形声,务求其得名之所以然,又推而通贯诸经,曲证旁稽,假物理以明其义,其所援引,多今未见之书,其推阐名理,亦往往精凿。佃先以神宗召对,言及物性,因进《说鱼》、《说木》二篇,初名《物性门类》,后注《尔雅》,更撰此书,易名《埤雅》,言为《尔雅》之辅也。迨宋之南渡,高宗时,有莆田郑樵渔仲者撰《尔雅注》三卷,为世所重。盖南宋诸儒,大抵崇义理而疏考证,独樵以博洽傲睨一时。及其既也,乃肆作聪明,诋诱毛、郑,其《诗辨妄》一书,开数百年杜撰说经之捷径,为通儒之所深非。惟作是书,乃通其所可通,阙其所不可通,驳正旧文诸条,皆极精确,于说《尔雅》家为善本。孝宗时,有歙县罗愿存斋者,撰《尔雅翼》三十二卷,中分草、木、鸟、兽、虫、鱼六类,大致与陆佃《埤雅》相类,而引据精博,体例谨严,则远在其上。其音释,则元洪焱祖作也。焱祖,字潜夫,亦歙县人。斯并于《尔雅》郭注邢疏之外,创获新解,别自名家者也。元、明之儒,于训诂学实疏,故罕以训诂成一家言者。独明宗室朱谋㙔郁仪者,号博极群书,刺取古书文句典奥者,撰《骈雅》七卷,依《尔雅》体例,分章训释,自《释诂》、《释训》以至虫、鱼、鸟、兽,凡二十篇,务求博洽,少泛滥矣。然奇文僻①字,搜辑良多,撷其膏腴,于词章要不为无补也。尝见貌为汉、魏文者,取《骈雅》置案头,署其签曰“代字术”,作文毕,则检古字代入之,一举笔而文不惭入古矣。此实文家之词书,宁曰《尔雅》之支裔哉?其说以为联二为一,骈异为同,故名曰《骈雅》云。迨清兴,朴学既章,古训是式。言精研《尔雅》,厥有余姚邵晋涵二云之《尔雅正义》二十卷,休宁戴

---

① 僻,原作“辟”,据文意改。

震东原之《尔雅文字考》十卷,嘉定钱坫①献之之《尔雅古义》二卷、《尔雅释地四篇注》一卷,栖霞郝懿行恂九之《尔雅义疏》十九卷,归安严元照②九能之《尔雅匡名》十九卷,仁和翟灏晴江之《尔雅补郭》二卷,临桂龙启瑞翰臣之《尔雅经注集证》三卷,盐城陈玉树惕庵之《尔雅释例》五卷,斯并补苴前哲,明发滞义,阐郭注之未备,纠邢《疏》之违牾。而循文顺理,张其幽眇,郝《疏》最优;发凡起例,观其会通,陈《释》尤胜。若其究宣《方言》,有戴震之《方言疏证》十三卷,乃依扬雄书而为之疏通证明者也。震又作《转语》二十章,其自述曰:"人之语言万变,而声气之微,有自然之节限。是故六书依声托事,假借相禅,其用至博,操之至约。五方之言及小儿学语未清者,展转讹溷,必各如其位。昔人既作《尔雅》、《方言》、《释名》,余以为犹阙一卷书,创为是篇,用补其阙。疑于义者,以声求之。疑于声者,以义正之。"斯则晓音韵转变之友纪,而通方言之指归者矣。善哉,非耳顺者,孰能与于此乎?《转语》书佚不传。仁和杭世骏大宗乃采《十三经注疏》、《说文》、《释名》诸书,以补扬雄《方言》之遗,成《续方言》二卷。前后类次,一依《尔雅》,搜罗古义,亦裨训诂。然撮录字书,不丽今语,而不知考方言者,在求其难通之语,笔札常文所不能悉,因以察其声音条贯,上稽《尔雅》、《方言》、《说文》诸书,敻然如析符之复合,斯为贵也。嘉定钱大昕莘楣知古今方音不相远,及其作《恒言录》,沾沾独取史传为征,亡由窥见声音文字之本柢。而翟灏之为《通俗篇》,虽略及训诂,亦多本唐、宋以后传记杂书,于古训貌然亡丽,间撮一二,亦溷不绁③析也。独近儒余杭章炳麟太炎能征汉、魏之训诂,而通以戴君之《转语》,略籀今语,得其匔理,撰《新方言》十一卷,凡《释词》、《释言》、《释亲属》、《释形体》、《释宫》、《释器》、《释天》、《释地》、《释植物》、《释动物》,而殿以《音表》,得十一篇,方俗异语,撢拾略备。以今音证古音,

---

① 坫,原作"玷",误。
② 照,原作"昭",误。
③ 绁,原作"由",误。

参伍考验,经之对转迤转,纬之正纽旁纽,以穷声转之原。盖有诵读
占毕之声既用唐韵,俗语犹不违古音者;有通语既用今音,一乡一州
犹不违唐韵者;有数字同从一声,唐韵已来一字转变,余字则犹在本
部,而俗语或从之俱变者。虽日不暇给,虑有遗剩,创始之业,规模已
闳,所谓知化穷冥,无得而称者也。其他治《释名》之学者,则有吴县
江声艮庭之撰《释名疏证》、《续释名》焉。治《广雅》之学者,则有高邮
王念孙怀祖之撰《广雅疏证》焉。惟《广雅疏证》二十三卷,其第十卷
为念孙子引之伯申所补,父子相嬗以成一家之言,尤为殚精竭虑。念
孙谓"训诂之旨,本于声音。故有声同字异,声近义同,虽或类聚群
分,实亦同调共贯",因畅斯旨,撰《广雅疏证》一书,不限形体,就古音
以求古义,引伸触类,扩充于《尔雅》、《说文》之外,无所不达,然声音
文字部分之严,则一丝不乱。其或张揖误采,博考以证其失;先儒误
说,参酌而寤其非。盖念孙借张揖之书以抒独得,实多揖所不及知
者。念孙既持"诂训本于声音"之论,以诏其子引之曰:"字之声同声
近者,经传往往假借。学者以声求义,破其假借之字而论本字,则涣
然冰释。如因假借之字而强为之解,则结篆为病矣。故毛公《诗传》
多易假借之字而训以本字,已开改读之先。至康成笺《诗》注《礼》,屡
云某读为某,而假借之例大明。后人或病康成破字者,不知古字之多
假借也。"又曰:"说经者,期得经意而已。前人传注,不皆合于经,则
择其合者从之。其皆不合,则以己意逆经意,而参之他经,证以成训,
虽别为之说,亦无不可。必专守一家,则为何劭公之墨守而已。"故其
治经也,诸说并列,则求其是;字有假①借,则改其读,盖熟于汉学门
户,而不囿于汉学之藩篱也。引之推广庭训,遂成《经义述闻》十五
卷、《经传释词》十卷,精博无比。而《经传释词》之作,则尤往古经师
之所未曾有。盖经传中实字易训,虚词难释。《颜氏家训》虽有《音辞
篇》,于古训罕有发明。独《尔雅》、《说文》二书,解说古圣贤经传之词

---

① 假,原作"段",误。

气,最为近古。然《说文》惟解"方"、"曰"诸特造之字,而不解"而"、"虽"等假借之字。《尔雅》所释未全,读者多误,毛、郑不免,何况其余? 念孙贯通经训,尤明词气,而引之克世其学,于前人之误解者,独能旁引曲喻,以得本旨所在,使人颐解心折,叹为确不可易,而又百思不能到,使古圣贤复生见之,亦必曰"吾言固如是,沿误数千年,而今乃得明矣"。此诚不可不开之奥窦。仪征阮元芸台读其书,谓"恨不能起毛、郑、孔诸儒而共证此快论"者也。阮元早岁与邵晋涵、王念孙友,逮闻前训,征引群书,撰《经籍纂诂》百六十卷,集古今诂训之大成。钱大昕序其书曰:"有文字而后有训诂,有训诂而后有义理。诂训者,义理所由出,非别有义理出于诂训之外者也。"旨哉言乎。纂《小学志》第七。

—